INICIACION SACERDOTAL

El Misterio de la Crista Mística

Arzobispo Dr. Roberto Toca
Sar Mar Profeta

Copyright © 2021 Archbishop Roberto Toca/
The Catholic Church of the Antiochean Rite, Inc.

All rights reserved. Todos los derechos reservados.

ISBN: 978-09779075-3-3

Library of Congress Control Number: 2021902672
Iniciación Sacerdotal (El Misterio de la Crista Mística),
Odessa, Florida, U.S.A.

DEDICATORIAS

A San Juan María Bautista Vianney,
el Santo Cura de Ars,
Patrón de los Sacerdotes y Seminaristas.
A mis ilustres predecesores en el
Episcopado:
Monseñores Evelio Ramos y
Fernando Azcárate, Iglesia Católica
Romana
Ignacio Muñío y
Ramón Mayola, Iglesia Católica Liberal
Justo Reyes y Manuel Martinez, Iglesia
Católica Americana Sirio Antioquena
Richard Patrick Dali, Iglesia Ortodoxa
Africana
José Agustín González, Iglesia Anglicana
José Ricardo Jiménez, Iglesia de Cristo en
Cuba
Wilfredo García, Iglesias de Dios en Cristo
Jesús
Ramón Taibo, Iglesia Reformada
Episcopal de España
Eugenio Loreto, Iglesia Católica
Independiente Filipina
Patriarca Herman Adrian Spruit, Adrián VII,
Arzobispo-Patriarca de Antioquía y del
Oriente
Johannes Muller-Rider Tau Sar Telémako,
Iglesia Gnóstica Rosa-Cruz

Tau Tsushumbe Tombé, Iglesia Africana Gnóstica

y a todos mis hermanos obispos, sacerdotes, pastores, ministros y clérigos en inter-comunión con este Siervo de los siervos de Dios.

A mi director espiritual, el español Gerardo Fernández, "Padre Pitillo"

A mi padrino y preceptor escolapio, Padre Juan Capdevila
y al humilde y sabio Hermano Paúl, Nemesio Torrubia

A los hermanos y hermanas de la Iglesia Católica del Rito Antioqueno

A mis discípulos de la Universidad Internacional de Teología y Parapsicología, a mis alumnos del Seminario "Rey de Reyes"

Y para que no falte nadie valioso,

el Rabí Isidoro Steiner, Sinagoga Reformista y Masonería Hebraica Memphis y Mizraim

la maestra mexicana, Carmen Segón,
"Papisa" de la Teosofía Hispana,
la insigne artista y esoterista cubana,
Mercedes Borrero,
el escritor e inventor Carlos Arratte,
el instructor de Subud y Latihan, Juan Sardiñas.

Y también: A los astrólogos, sortistas, quirólogos, tarotistas, kabalistas, metafisicistas, clarividentes, hipnotistas, parapsicólogos, y tantos más en aquella Habana secreta.

N. Sri Ram, Cabeza Externa Escuela Esotérica de la Sociedad Teosófica Internacional

Comodoro L. Ron Hubbard, Fundador de la Iglesia de Cienciología

Rev. Sung Yung Moon, Fundador de la Iglesia de Unificación

el violinista y empresario César Gonzmart, el periodista y director Rolando Alcover y el locutor "estrella" Alvaro D. Río.

el Indio Hatuey, politólogo cubano,
Reinaldo Arenas, poeta,

Pedro Toca, jurisconsulto,
Lelio Galateri di Ginola, paranormal,
Salvador Freixedo, teólogo heterodoxo,
Genaro Toca, militar,
Andre Breton, escritor,
Salvador Dalí, pintor.

Con los bellos recuerdos y el inmenso agradecimiento del Autor.

Por todos ellos:

"Si he podido llegar tan alto, ha sido por ser llevado sobre Hombros de Gigantes"

Indice

DEDICATORIAS vii

FRONTISPICIO xx

PROLOGO xxii

El Sacerdocio Iniciático es la consumación de la Iniciación Sacerdotal xxviii

PRIMERA PARTE:
INICIACION SACERDOTAL 1

CAPITULO 1:   99 INSTRUCCIONES PARA EL APRENDIZ DE MAGO _____ 3

"El Aprendiz de Mago: La Vía a la Sapiencia" 12

Los requisitos para el Sacerdocio Iniciático 13

Teología Catequética 18

CAPITULO 2:   MANIFIESTO ORIGINAL BASICO _____ 23

El Origen de la Misa 25

Lo que debes saber y no hacer 26

CAPITULO 3: JERARQUIAS ECLESIASTICAS NOBILIARIAS 31

Sagradas Ordenes 31

CAPITULO 4: EL SACERDOCIO INICIATICO 37

Breve Breviario 37

CAPITULO 5: LA HEREJÍA DE OCULTURA 41

La Inerrancia del Profeta en contraposición a la Infalibilidad Papal 43

CAPITULO 6: LA DISCRECION EN EL CONOCIMIENTO APLICADO ____.49

CAPITULO 7: NUESTRO OBJETIVO SUPERIOR EN LA VIDA DE ECLESIASTICO _____ 61

CAPITULO 8: SABED, HERMANOS Y HERMANAS 69

CAPITULO 9: INICIACION INICIAL INICIATICA 73

Deberes de los Ministros 73

Deberes de los Pastores 74

Cónclave Iniciático Universal: "La Ideología Sagrada"..........................207

Orientología Eclesial 214

Protocolo de Institucionalización 217

Código de Etica Eclesiástica 218

CAPITULO 4: LITURGIA DE LA CRISTA MISTICA_____
....221

Acerca de la historia de la Iglesia de Antioquía..239

Catequesis Arcana 243

Otras Oraciones 246

Ritual Litúrgico de Anatematización 252

Rezo del Anatema...........................254

CAPITULO 5: EL CLAMOR DE SANTA MARÍA MAGDALENA, EPISCOPA_____
....257

Proclamación a todos los vientos 259

La Milicia Oblata de Santa María Magdalena (Prelatura)......................261

La Sagrada Orden de la Crista Mística
....263

Los Coliridianos 178

CAPITULO 2:   LETANIAS Y ORACIONES_____
.... 181

Al Maestro Oculto 181

Oración a Melquisedec 181

Madre Divina................................... 182

Con el Cristo de la Gnosis 182

A la Más Elevada y Absoluta Divinidad
.... 183

Oh, Señor Jesucristo 183

Salve Gnóstica................................ 183

Credo del Existencialismo Esotérico 184

Profesión de Fe 185

Oración Divina 186

"CHISPA"... 187

CAPITULO 3:   DOCUMENTARIO__. 189

Carta Pastoral de la Resurrección de Jesucristo 189

Bula original de Prelatura Personal. 191

Cónclave Iniciático Universal: "Misterio desvelado" 201

Nephilim, Reptilianos, Annunakis y Gigantes 122

Diosa Ashera, la esposa de Jehová 129

El Mito de Adán, Eva y la serpiente: Adam Kadmon, Eva Arcana y Lillith 133

CAPITULO 3:   EL LIBRO DEL APOCALIPSIS_DESCIFRADO 147

Armagedón 147

El Armagedón en la Biblia 149

CAPITULO 4: EL IDEALISMO FILOSOFICO DEL OBISPO BERKELEY_ 157

**TERCERA PARTE:
EL MISTERIO DE
LA CRISTA MISTICA** 163

CAPITULO 1: MARIA MAGDALENA_ 165

Apostola Apostolorum 165

Dinastía Merovingia 166

"Noli me tangere" ("Aún no me toques") 170

Significado de Rabino 175

La Pascua 176

Deberes de los Capellanes 74

Requisitos para las Ordenes Sagradas 75

Santo Sacrificio de la Misa 76

CAPITULO 10:   LAS FUENTES DE LA REVELACION 79

CAPITULO 11:   EL PODER DIVINO EN LA VOCACION 85

CAPITULO 12:   MANIFIESTO TEOLOGICO 95

Los Factores Inherentes a la Muerte (Desencarnación) 97

SEGUNDA PARTE: PARATEOLOGIA SECRETA 103

CAPITULO 1:   MOISES 105

Séfora, esposa de Moisés 107

CAPITULO 2:   LIBRO DEL GENESIS 113

La cuna de la Civilización 113

Los Nephilim 119

Proclamación Oficial de la Sagrada
Orden de la Crista Mística 265

"Manifiesto Cristológico" 268

Los Sacramentos 271

El Evangelio de María Magdalena .. 272

CONCLUSIONES 276

POST SCRIPTUM 279

ACERCA DEL AUTOR 284

"¿De dónde te viene esto Alma del Hombre? ¿De dónde te viene esto?" (San Anselmo)

Profeta del Altísimo

Ideólogo Magistral

Herisarca Supremo

El Arzobispo Dr. Roberto Toca, Su Beatitud Sar Mar Profeta, Primado Gnóstico Catholikos, autentifica su "Inerrancia" en Doctrina Teológica y Praxis Litúrgica con el Poder que dimana del Padre Sempiterno (AbbaJi) del cual es Pontífice y depositario en el fuero externo y ungido, en el fuero interno como su mensajero.

He sido ordenado y consagrado por hombres que han llevado muy alto y hondo el paradigma de la Obra de Dios y el servicio a Jesucristo.

Por mi vocación recibí la plenitud del sacerdocio ministerial según la tradición y doctrina de la sucesión apostólica en la condición de Taumaturgo.

Abba – el Padre Celestial – me invistió con lo que solo puede hacer mi Dios, AbbaJi, (mi papá): Profeta y Maestro.

FRONTISPICIO

Mis Maestros me enseñaron que la Teosofía de Ammonio de Sacas conlleva la armonía entre la Religión y la Ciencia.

Hay mucho que ver debajo de las transgresiones de las Escrituras supuestamente sagradas. Contrapeso del falsario catecismo de la Septuaginta y sus transgresiones de la Biblia Hebrea, ignorando la Escuela que realmente escribió el Pentateuco que es la de Esdras y las escuelas controvertidas y antinómicas de Yavíticos, Elohíticos y Sacerdotales.

Las Iglesias históricas, las interpretaciones fundamentalistas, pietistas, modernistas (literalistas) y liberales y posteriormente, el deterioro de sus estructuras doctrinales devino en la llamada "Teología de la muerte de Dios"; la Teología nazi que pretendió e intento sustituir el Antiguo Testamento por el Kalevala de los nórdicos y en los distintos tiempos, la multiplicación de sectas y denominaciones que tergiversan las versiones del Nuevo Testamento.

Desde toda la Historia, la Arcana Enseñanza Iniciática de Ocultura Universal ha sido la Cultura de lo Oculto y la culturización del Hermetismo, el acervo espiritual de todas las religiones del planeta Tierra.

PROLOGO

A fuer de honesto y sincero el Autor declara: las revelaciones que integran esta Obra, en dos partes para colaborar, asistir e instruir a los hombres y mujeres que han tenido la extraordinaria experiencia de la vocación al Sacerdocio. Este llamado -, cuando es auténtico, -viene del Redentor y consiste en la búsqueda de las vías apropiadas para encontrar el sendero místico de la completa entrega a la inicial mayúscula Divinidad.

Para los Cohen y levitas el "Golem" era el amuleto que les concedería alcanzar con los más insignes pontífices del Urín y el Tumín, los sagrados artilugios de profecía y taumaturgia reservados exclusivamente para los Pontífices, o sea los Sumos Sacerdotes. El Vellón de los Hebreos era el Vellocino de Oro de los griegos y persas. En el Cristianismo el talismán era representado por los atributos de la regalía de los Obispos: el pectoral, el anillo, la mitra y el báculo. Esta pompa se adhería a las vestiduras sagradas, la facultad por parte de los que llegaban a la máxima plenitud del sacerdocio, el Episcopado, de Gobernar, Enseñar y Regir la Iglesia Fundada por

Jesucristo y solemnizada por el Espíritu Santo en el Pentecostés. Lo que para los iniciados era Alta Magia, para los coprófagos era superstición.

Los símbolos arcanos tanto del Hebraísmo como del Cristianismo procedentes de los Misterios Sacerdotales de Eleusis y Samotracia, Egipto, Persia y muy curiosamente, de la intensa penetración del Zoroastrianismo, el hinduismo y las tradiciones muy anteriores, compartirían el acervo cultural y mágico que se pierde en los orígenes de la Historia conocida oficial de los Sumerios y Acadios, llegando a las influencias de Göbekli Tepe, los mayas y los incas que fueron continuadores de los rituales de los atlantes y lemures. Un ejemplo valioso lo tenemos en el libro incunable "La Cruz en América", con muestras y pruebas testimoniales, arqueológicas y costumbristas de ceremoniales parecidos a los Sacramentos católicos, que cuando los frailes franciscanos y clérigos jesuitas llegaron a Sudamérica se asombraron tanto que escribieron a Roma para relatar estas ocurrencias insospechadas. Cuando algún galeón pudo llegar (sin hundirse en el Atlántico por el peso de los tesoros escamoteados a los indígenas) a España y Portugal, desde allá remitiría al Vaticano estas alucinantes informaciones. Este proceso de información a la Santa Sede continuó por siglos y entonces los sesudos teólogos romanistas elucubraron la ingenua y falsa tesis de la "anticipación del diablo" para confundir a los misioneros que llevaron el Evangelio a estas tierras de América.

El mito o tal vez la realidad viciada de Juana la Papisa incrementan la ingente parafernalia, la rimbombante pompa y regalía del Romanismo, tergiversando y cambiando el mensaje original del Maestro de Maestros, el Sumo Sacerdote según el Orden de Melquisedec, Jesús de Nazaret.

Los comentarios expuestos en esta Obra pretenden ser, como dijera Arquímedes, "un punto de apoyo" para mover el mundo de ideas abigarradas. Las teologías modernistas incurren en la falta de reconocimiento de los Patriarcas, Profetas, Pontífices y Taumaturgos, lo que haría que se debiera examinar el decursar de los escritores del Antiguo Testamento hasta la Septuaginta en Alejandría en tiempos de Ptolomeo Sóter. Y de los posteriores copistas anónimos, desde San Jerónimo y la Vulgata hasta Martín Lutero y las traducciones de los copistas a lenguas vernáculas, las otras corrientes de tono ortodoxo o literalista, fundamentalista y liberal que se insertan en la producción de una declaratoria desposeída del contexto de los fecundos visionarios y canalizadores de las entidades superiores del más allá. La Religión de la Falsedad es el corolario de la frustración del encuentro con la Verdad Suprema, el Dios Cósmico, el Cristo Gnóstico, la Crista Mística. Los pseudo exégetas son parte de la ralea de los mancos mentales, coprófagos, sepulcros blanqueados.

En el decursar de la Primera y Segunda Parte de esta Obra el Autor deja firme constancia de su herejía que ostenta con glamour y absoluta ausencia de humildad. Al proferir esta sentencia audaz y sacrosanta, el legado del Herisarca Supremo queda aquí incrustado en los anales de la Historia de la Religión Universal.

Y dijo Jesús de Nazaret "aquel que cree en mí las obras que yo hago podrá hacer y aún otras mayores hará".

De tal manera que, en simbolismos del azufre y el vitriolo, para la alquimia el Logos es la Palabra (Divina) y el Rema lo que la Divinidad quiere decirnos en la semántica de su Verbo.

LA FUENTE REVELADORA QUE INSPIRA AL AUTOR PROVIENE DEL SUMO SACERDOTE MELQUISEDEC, EL CRISTO COSMICO DEL MAS ALLA DEL UNIVERSO.

Reconocemos que el cristianismo procede del judaísmo. Pero denuncio que Moisés se "hizo hebreo" cuando supo que no podría llegar a ser Faraón y así desarrolló con la ayuda de Aarón, los mitos vetero-testamentarios que han llegado hasta nuestros días. Moisés habría sido Tutmosis, 'hermano' del Faraón Akenaton, de acuerdo con el padre del Psicoanálisis, el judío Sigmund Freud, el cual consideraba que los mitos egipcios interfertilizaron el Hebraísmo.

El Sacerdote Aarón, aunque Mago y sabio, tenía el defecto de ser gago, o sea, tartamudo, (aunque la Septuaginta lo tergiversó, aduciendo que el gago era

Moisés) y se unió a Moisés por su elocuencia.

En el tiempo de su búsqueda de una esposa, no hubo ningún padre de familia hebreo que concediera su hija a Moisés. Fue Jethro, de una tribu ajena a Israel, el que le proporcionó a Séfora que se convertiría en su esposa. Esta en definitiva salvó la vida de Moisés cuando Yahvé lo quería matar ya que Moisés había faltado a su obligación de circuncidar a su hijo de 18 años de edad. Fue Séfora la que al circuncidarlo con un cuchillo del altar calmó la ira de Yahvé. O sea que ni Moisés fue hebreo de nacimiento, ni había sido circuncidado, ni circuncidó a su hijo. Para el autor de esta obra, no obstante, hubo ciertos hechos nobles y auténticos en la conducta de Moisés, quien aparte de ser buen orador era un buen farsante.

Pero gran parte de lo que sabemos de la historia del pueblo hebreo es colegido por los más de 70 sabios que durante años trabajaron sobre el contenido de los libros del Antiguo Testamento. Luego de muchísimo tiempo tuvieron que restringirles el alimento y así se pusieron de acuerdo, aunque no fue con entera certeza ni convicción, pues si no hubiera sido por el hambre nunca se habrían avenido a una traducción e interpretación bíblica. El autor tiene serias dudas sobre la validez de esta compilación escrituraria.

El Sacerdocio Iniciático es la consumación de la Iniciación Sacerdotal

"Cuando el autor escribe no hace literatura simplemente, sino que piensa en alto y grita".

La simiente germina en la consumación vocacional del aspirante al Sacerdocio.

En las Grandes Religiones Universales ha habido escuelas de formación donde se aprende la Doctrina, las prácticas y la vocación pastoral. El Concilio de Trento estableció y oficializó los seminarios. Antecedentes de los monasterios benedictinos, del Císter y los ejercicios espirituales de San Ignacio de Loyola constituyen en el cristianismo católico romano, las más connotadas muestras de la Historia de fundamentos de la enseñanza de los seminarios de órdenes conventuales de votos solemnes y posteriormente de Institutos de votos simples.

En la ortodoxia griega, rusa, eslava y oriental existieron centros de interacción que adolecieron de insuficiente capacidad académica y donde el énfasis era en la devoción y la Liturgia. El pietismo fue la fórmula durante siglos y en el caso de los candidatos sin academicismo secular no había posibilidad de alcanzar el nivel Episcopal. En tiempos presentes es más fácil acceder a órdenes sagradas sin otro factor preponderante que la necesaria voluntad del superior eclesiástico y la demanda de clérigos, aunque la resultante fuera a veces la mediocridad en el cometido, en referencia a los cuales, sacerdotes de origen español solían proferir la frase "curas de misa y olla".

Transcendiendo la entelequia limitada al kerigma, o sea la proclamación y la Didake, es decir la enseñanza, en esta obra el autor ha prescindido de incurrir en las manidas temáticas de teología sistemática, de la historia de la Iglesia y Derecho Canónico (o el código Ruder en el caso de la ortodoxia), para acentuar la transmisión de vivencias en forma de síntesis con el criterio de fomentar la fluidez del discurso para que se pueda inteligir el contenido más allá y por encima de la forma. Como expresara Hegel, "la trampa del lenguaje", que trato de romper en esta obra. La primera parte es de carácter mesotérico y la segunda es estrictamente esotérica y destinada, como escribiera Eliphas Levi en "Dogma y Ritual de la Alta Magia", solamente "para Sacerdotes y Reyes de la Taumaturgia", reconociendo la inmensa información del historiador Ragón en su libro "La Misa y sus Misterios" y el valioso aporte del Obispo Leadbeater en "La Ciencia de los Sacramentos" (no obstante la profunda discrepancia que el autor tiene en cuanto a los planteamientos vertidos por Leadbeater en el sentido de que la Misa o Eucaristía no debería celebrarse de noche, ya que según él no se produciría la transubstanciación). Parece que Leadbeater no tuvo en consideración que el Maestro Jesús ofició su primera Misa durante la Cena Pascual que fue, como es sabido y los evangelios lo proclaman, en horas de la noche. El Obispo teósofo también argumenta que los "chakras" de las mujeres no son capaces de "recibir la ordenación sacerdotal en el fuero interno". Este colega en el Episcopado no asimiló el Pentecostés, cuando y donde hombres y mujeres, alrededor de 120 personas, recibieron la unción del espíritu o sea que se convirtieron todos en la práctica en Epíscopos y Epíscopas con la plenitud del sacerdocio Episcopal. Debo citar también los textos que señalan como evidencia histórica que en el cristianismo primitivo y medieval hubo Epíscopas.

PRIMERA PARTE:
INICIACION SACERDOTAL

Iniciación Sacerdotal

CAPITULO I: 99 INSTRUCCIONES PARA EL APRENDIZ DE MAGO

Reconocimiento

Me he decidido a escribir este libro al introducir en nuestra Jurisdicción Eclesiástica Autocéfala, la Orden Sacerdotal de la Crista Mística, como congregación autónoma independiente en intercomunión con la Iglesia Católica del Rito Antioqueno, lo cual posibilita la ordenación de personas adultas, a veces pasadas de los 50 años de edad, en la aventura más excitante de sus vidas, la conversión de ser una persona más, común y corriente, en un ser trascendente que resulte en el binomio de vocación y profesión con un esfuerzo tenaz, perseverante y ético, en la más bella ambición de renunciar a uno mismo en aras de la generosidad de dar y darnos al ideal del servicio al Maestro de Maestros Jesús el Cristo Gnóstico.

La dual problemática gnoseológica es el anverso y reverso de una misma medalla o moneda de la Ocultura: el parangón entre la Existencia de la Vida después de la Muerte y la Existencia de Vida Extraterrestre.

Ocultura es parangón entre la ciencia y la religión.

Los planos cielo-infierno-purgatorio-limbo-Paraíso y sus correspondientes analogías (la Divina Comedia de Dante Alighieri)

las Trimurtis

Artículos de Fe de esta Iglesia:

1. Divinidad Trina: Padre, Hijo y Espíritu Santo para este Universo y los Multiversos.

2. Jesucristo: Hijo de Dios, Encarnación del Segundo Aspecto de la Divinidad.

3. María, Santos y Ángeles. María Magdalena, consorte de Jesús de Nazareth y madre de sus tres hijos: Amador, Sara Sophia y Emineo.

Concilios ecuménicos, sínodos y conferencias denominacionales

Reencarnación, causa y efecto. La Evolución Teleológica, la Iniciación a través de la Escuela Esotérica, Ordenes Mistéricas, Fraternidades herméticas y Sociedades Secretas.

Desde los orígenes de la Humanidad se ha identificado la Iniciación al Sacerdocio primero con el brujo de la tribu (sacerdote), luego con la hetaira (prostitución sagrada). Entre uno y otro el simbolismo de la rama precursora del Cetro. El Arcano Taumatúrgico que cubría la genitalia.

La autoridad del sacerdocio como contrapunto del autoritarismo primigenio de los caciques en la sociedad primitiva. En todas las historias de las Religiones observamos el mismo comportamiento en el antagonismo entre reyes e hierofantes. El líder religioso auténtico tiene y debe tener tiempo suficiente en la congregación y auténticas credenciales de sucesión, estudios y preparación académica y eclesiológica.

Desde los tiempos del Matriarcado hasta Jesucristo, las mujeres ocupaban el espacio jerárquico que por derecho inalienable les corresponde.

Caciques sin tribu y generales sin ejército, la simonía y la pretensión de los falsos jerarcas y maestros.

En nuestros tiempos actuales las Grandes religiones han barajado el reto de un importante segmento poblacional, o sea, las mujeres. Tanto en el cristianismo como en el judaísmo proliferan las vinculaciones seglares o profesionales de mujeres en el ministerio sagrado a distintos niveles. Todo nos indica que en menos de un siglo las mujeres serán elevadas a los grados más altos en las jerarquías eclesiásticas.

El que finge y funge: la falsedad de la religión se debe a los falsos religiosos que pretenden ser lo que no son para simular lo que nunca han de ser ni serán.

Una visión ocultista de la religión inserta el concepto de ordenación con el de iniciación y viceversa.

La Iniciación es un comienzo y la Ordenación e Investidura, una culminación. Entre ambos existe un complejo proceso de transmisión de conocimiento y experiencia, hasta alcanzar la plenitud del "varón" (en el sentido amplio de hombre/ mujer) "perfecto en Cristo", o sea, el Pontífice, Hierofante y Maestro.

El aprendiz de brujo es el precursor de seminarista y la vinculación de la Magia con el Sacerdocio es notable y llegará a ser sobresaliente en los pocos escogidos de entre los que han recibido la llamada. El Pórtico del Misterio se abrirá de par en par solamente para ellos.

Este manual pretende aproximarse a los factores psicológicos y espirituales en el entorno de los aprendices. Primeramente, es una catequesis, que asciende por el sendero que escala desde los oyentes a los ilustrados, enciclopedistas, académicos, licenciados, doctólogos y parateólogos.

Utilizando la teología dialéctica y la sociología de masas, estaré insertando palabras y frases que coadyuvan a la obtención de la entrada en el umbral del Poder Carismático y substancial.

He tejido deliberadamente un artilugio de expresiones verbales para que el candidato se haga ducho en la utilización de los medios idóneos para el alcance de una finalidad concreta: "¡iniciarse en el sacerdocio!"

La pompa y la regalía se adhieren a la circunstancia del ministro voluntario que deviene en pastor y luego en capellán y los grados y niveles del sacerdocio como condición eclesiástica.

Los Grados Eclesiásticos clásicos
Estudiante laico
Seminarista
Oyente
Ilustrado
Enciclopedista
Académico
Doctólogo
Parateólogo
Orientólogo
Espiriteuta
Espiritólogo
Metafisicista
Parapsicólogo
Religionista
Ostiario
Tonsurado clerical
Exorcista
Acólito
Subdiácono
Diácono
Archidiácono
Proto-diácono
Archipan

Archimandrita
Sub-mandrita
Mandrita
ProCapellán
SubCapellán
CoCapellán
Capellán
ArchiCapellán
Presbítero
Proto-presbítero
Arcipreste
Corepíscopo
Sub-corepíscopo
Coadjutor
Obispo (sufragáneo, auxiliar, diocesano, regional, nacional, étnico)
Arzobispo (Metropolitano, Primado)
Patriarca Pontífice
Primado Taumaturgo
Exarca
Eparca Metropolitano
Herisarca
Gran Herisarca
Profeta (es el único ordenado, investido e instalado por el mismo Demiurgo).

Los Grados Eclesiásticos del Nuevo Eón, o sea, las Iniciaciones Magistrales de Ocultura Universal.

Las Técnicas de Aprendiz de Mago en sus comienzos

La Mirada

a) Aprender a mirar hacia el aura y comprenderla. Emitir sonidos mágicos (mantrams)
b) Mover los brazos, dedos, palmas, manos (mudras)
c) Posición de estrella en piernas y brazos
d) Pases magnéticos vibratorios
El cuarzo (la piedra blanca)
e) Absorción - lanzamiento de pensamientos al exterior

1) una banda de madera esgrimida por el aprendiz
2) un pomo con agua de lluvia, río, mar, manantial, jugo de fruta (etc.) u otros.
3) un cuarzo puntiagudo
4) una rueda con pentagrama colgante
5) estar descalzo

Aprender a pensar, a observar, a controlarse

Apreciación de valores – respeto – agradecimiento - esfuerzo

Sacerdocio no es solo el ceremonial; es fundamentalmente vocación de servicio desinteresado, devocional y abnegado.

"El Aprendiz de Mago: La Vía a la Sapiencia"

La Institución religiosa y el líder espiritual
La obtención del conocimiento y la experiencia
El alcance del Poder carismático y taumatúrgico
La presencia, la ética, el modus operandi y el reconocimiento
Devoción, Inspiración, Aspiración, Fe, Esperanza, Amor
El Poder interno se imparte porque se educe
La sapiencia megaesotérica se transmite del Maestro al Discípulo
Todo sacerdocio real es una iniciación al mundo oculto
El Profeta desvela las Fuentes de la revelación del Misterio

1.1 Doctología Metafísica:
Absoluto, Divinidad y Trinidad

Krishna, Cristo, Buda, Baba Maron Athos
El Cónclave Iniciático Universal está subordinado a Shamballah, Agartha (Gran Hermandad de Maestros e Iniciados) y Asgard (el recinto ontológico por excelencia).
El Discipulado = Auténtica Enseñanza Iniciática de Ocultura Universal, Existencialismo Esotérico y Doctología
Patriarcas
Profetas
Hierofantes
Taumaturgos

1.2 Esfuerzo, sacrificio y abnegación

Servicio Divino = servicio humano

Los requisitos para el Sacerdocio Iniciático

1. Introducción a las Sagradas Escrituras en general.
2. Auténtica interpretación.
3. Taumaturgia aplicada a los centros, cuerpos y principios.
4. Aceleración de los procesos cognoscitivos: inteligencia desarrollada,

mentalidad analítica, intuición, ayuda y supra conciencia eficaz.
5. Dominio del carácter, desenvolvimiento del temperamento (Karma, Rayo de creación, nivel Iniciático interior).
6. Tantra, Arcano, Induba, Secretum máximum.
7. Contacto personal con el Profeta.
8. Instrumentalización de la imposición del Cetro del Poder.
9. Los sacramentos y misterios de la Antigüedad y del presente-futuro.
10. La comunicación con el Mundo Oculto, el universo exterior y la interiorización del Ser.
11. La Jerarquía. El contacto con el Angel Tutelar (personal para cada sacerdote de Ocultura).
12. Los grados, ceremoniales y potencializaciones.
13. Educación teológica.
14. Básicos elementos de psicología de gentes y sociología.
15. Información adecuada de la actualidad noticiosa amplia.
16. Habilidad en el manejo bíblico y la preparación de sermones.
17. Interacción fraternal con los colegas del clero.

18. Compartimentación del trabajo pastoral y cuenta de conciencia al superior.
19. No autoritarismo, pero sí autoridad moral y ética.
20. Saber pedir, suplicar, rogar. No mandar, sino saber dirigir e instruir.

Mente e intelecto ágiles
Análisis y observación
Identificación de obstáculos
Audacia intuitiva
Rápida respuesta
Simetría de conciencia para:
"Vosotros que sois espirituales" porque "Espiritualidad es armonioso vivir"

Obediencia canónica de todos los clérigos y feligreses.
Las órdenes de la Jerarquía se cumplen y no pueden ni deben ser discutidas o argumentadas. La orden que se cumple es la última.
No se responde al superior. Se le escucha en silencio.
Se puede hablar ante un Tribunal Eclesiástico.
No se puede participar en otros rituales sin permiso del Obispo (Ruder).

Carrera eclesiástica versus eclesiástico a la carrera.

Liderazgo que no se puede limitar a los oficios dominicales, sino que debe expresarse todos los días de la semana, en todo y en cualquier momento. No hay clerecía ni liderazgo a medio o pequeño tiempo. Se es o no se es clérigo o capellán.

Secreto de confesión. Confidencialidad y reserva absoluta. Ética de obligatorio cumplimiento en el sacerdocio ministerial.

Lo que no se debe hacer:

Llamar la atención en el altar es robarle gloria a Dios

La actitud de oportunistas

La ausencia de sacrificio

Volverá con Su Nuevo Nombre, como se cita en el Libro del Apocalipsis 3:12

"Al que venciere, yo lo haré columna en el templo de mi Dios, y nunca más saldrá de allí; y escribiré sobre él el nombre de mi Dios, y el nombre de la ciudad de mi Dios,

la nueva Jerusalén, la cual desciende del cielo, de mi Dios, y mi nombre nuevo".

Responsabilidad del clérigo delante del Señor y no sólo admiración al estado sacerdotal y la satisfacción de "triunfar en la vida" al ser llamado "Reverendo" o "Reverenda".

Temor y temblor ante el destino y la Voluntad Divina.

Elegancia,
Estilo,
Ética,
Estética,
Elocuencia
Respetabilidad
Disciplina,
Afabilidad,
Testimonio,
Autoridad,
Conversión

Hay que llevar al plano del convencimiento, teniendo la capacidad de transmitir la ideología de la Auténtica Enseñanza Iniciática de Ocultura Universal.

Cuando un obispo elegante se encuentra con un sacerdote, u otro clérigo o laico ,amigo personal de muchos años, que quiere besar su anillo episcopal, graciosamente le retira su mano (si esto fuera compatible con el protocolo, el lugar y la circunstancia exterior). Esto constituye un acto de benevolencia y discreción.

Los celos son otra característica, otra forma de envidia y de inseguridad.

Seguridad-satisfacción
Salud-sabiduría
Serenidad-simpatía
Sensatez-silencio
Solemnidad-sintonización
Seriedad-sobriedad

"Organizar los factores y usar las opciones".

Teología Catequética

"Descenderán las experiencias (desde lo alto) para lograr bellos impulsos"

Los Siete Pecados capitales y su cualidad opuesta:

ira/ paciencia
pereza/ diligencia
lujuria/ castidad
avaricia/ generosidad
gula/ templanza
envidia/ caridad
soberbia/ humildad

Para el confesor el pecado más fácil de perdonar es el ubicado en la sexualidad. El más difícil es el crimen.

Fe, Esperanza, Caridad
Prudencia, Justicia, Fortaleza, Templanza

odio/ amor
ignorancia/ sapiencia

Huestes Celestiales

Infierno versus Gloria

El peor pecado es el crimen mortal

AFIRMACION

Todos mis miedos y mis temores de ayer se han disipado. Veo con más claridad y tengo el poder de crear mi propio Yo. Todos mis sueños se materializarán porque creo y persevero en ellos. Todo lo que me proponga conseguiré y todas las puertas se me abrirán. Amén.

SIMPLICIDADES

Tener clase auténtica al proceder en el Oficio Divino.

Los tacaños, si acaso, dan cariño y nada más.

Para saber mandar en la Iglesia hay que aprender a obedecer.

La grandeza provoca envidia y falsedad.

Busca el perdón todos los días y no vuelvas al mismo pecado. El buen juez perdonó al reo que llegó a su tribunal siempre con un pecado distinto, pero fue terrible con aquel que repetía y reincidía constantemente en el mismo pecado.

Sacrificio es oficio sagrado
Homologar

"Nada es fácil, excepto ser vulgar"

"Siempre se cede el paso al de mayor jerarquía"
"Ante el obispo inclinación profunda"

Tres formas clásicas de gobierno eclesiástico: Episcopado, Presbiterio y Congregacional.

Protocolo y disciplina.

Iniciación Sacerdotal

CAPITULO 2: MANIFIESTO ORIGINAL BASICO

La Divina Presencia en las tres dispensaciones de la Ley, con los sacerdocios de Abraham nuestro Padre en la Fe, de Enoc, a Aarón, Moisés, David y Salomón, de la Gracia con Jesucristo y sus 12 apóstoles y discípulos.

Los linajes sacerdotales convergen en el orden sagrado de los patriarcas, profetas, taumaturgos, hierofantes, diáconos, clérigos, predicadores, ministros, pastores, capellanes, coadjutores, obispos, metafísicos, parapsicólogos, orientólogos, enciclopedistas, académicos y doctólogos.

La sucesión apostólica de la Iglesia Católica del Rito Antioqueno con sus linajes episcopales ortodoxo oriental, católico antiguo, gnóstico, jacobita, nestoriano, maniqueo, caldeo, siriaco, cóptico, malabancarés, galicano, cátaro y la heterodoxia herética judeo-cabalista, templaria, rosacruciana y martinista, se congrega en la comunión eclesiástica pandenominacional que profesa la Arcana Enseñanza Iniciática de Ocultura Universal.

Los devotos en la fe del Cristo Gnóstico se unen en el símbolo de la espiritualidad de la religión cristiana: el Credo de los Apóstoles.

Corrientes teológicas: fundamentalista, literalista, conservadora, liberal, gnóstica, doctológica

Moral
Dogmática
Apologética
Hermenéutica
Epistemología
Hagiografía
Escatología
Angelología
Demonología
Homilética
Mariología
Dialéctica-Teología
Teleología

El Origen de la Misa

(Ver libro de J. M. Ragon "El Origen de la Misa y sus Misterios")

El origen de la Misa – palabra hebrea Missah que significa ofrenda

Ceremonial de los ritos teatrales de Eleusis y Samotracia.
Melquisedec celebró con pan y vino
Jesucristo celebró también con pan y vino, según el Orden de Melquisedec

El Bautismo Esenio

Los sacerdocios:

Abraham ofrenda de Isaac
Enoc
Aarón
Moisés ungió a Josué

seminario equivale a escolástico, semillero

sacerdocio de la Ley = Aarónico

sacerdocio de la Gracia = Jesucristo
sacerdocio Eterno = Melquisedec

los Poderes
la imposición de manos, la unción con óleo o con crisma
la transmisión del origen sagrado
los ornamentos sagrados
la mitra (mitraica, egipcia y mesopotámica)

El Cristo (Cristología)
La Crista (Cristología femenina)
La Virgen (Mariología)
Los Santos (Hagiología)
Y los Angeles de todas las Jerarquías (Angeología)

Lo que debes saber y no hacer

"haz lo que yo digo, pero no lo que hago"
"la vulgaridad no es compatible con el estado clerical"
"en caso de duda, genuflexión"
"en el mucho hablar no dejará de venir el pecado"
"mea culpa" (el que más manda es el que más mea)
"del obispo y del superior cuanto más lejos mejor"

"llevar al plano del conocimiento"
"favorecer y beneficiar para empezar"
"qué traes hermano?"
"contra el vicio de pedir está la virtud de no dar"
"el celo de tu casa me consume"
"gracias te doy señor pues reconozco que al hacer todo admirablemente bien, inútil siervo soy"
"asegúrate de todas las cosas, preparándote para toda buena obra"
"el hábito no hace al monje, pero lo distingue"

"el Obispo es depositario, no propietario, del Orden Sagrado"

"El uso consagra" en los ornamentos y cálices, copones y patenas si no han sido bendecidos o consagrados con antelación. Este apotegma, en definitiva, es axiomático.

No mirar a los lados o volver la cara en público.

Frase para meditar: "Por aquí no ha pasado" (entre mis mangas anchas del hábito talar), o sea la casuística jesuítica del doble pensar y el protestar mentalmente de lo dicho que no es cierto pero que se ha "religiosamente tergiversado".

Mente e intelecto ágiles
Análisis y observación
Identificaciones de obstáculos
Audacia intuitiva
Rápida respuesta
Simetría de conciencia
Semiología Iniciática

Jesús en el camino a su entrada triunfal en Jerusalén dijo en arameo estas palabras: "Y también a aquellos mis enemigos que no querían que Yo reinase sobre ellos, traedlos aquí y degolladlos delante de mí". Evangelio de San Lucas, 19:27

El oficio en el Altar deber ser una actitud devocional, no una actuación teatral.

CONSIDERACIONES ADICIONALES

1) Incluir el tema arcaico del "Abogado del Diablo" en la doctrina canónica de la Iglesia nos concierne en tanto en cuanto, debería existir un contra balance de la "supuesta" santidad y beatitud de los que

son nominados y elegidos basados en un análisis objetivo de la santidad de vida, los milagros (o sea, la taumaturgia) y su modelo de virtud.

El Abogado del diablo, también llamado Promotor de la Fe, era un cargo ejercido generalmente por un clérigo doctorado en derecho canónigo, encargado, como si fuera un fiscal, de rebatir las pruebas en los procesos de beatificación o canonización.

2) Se debe saber "purificar" las hostias consagradas cuando se observe contaminación externa, y otros factores similares, en cuyos casos se deben humedecer y colocar en un bolso cerrado y enterrarlo o situarlo en el exterior, a la luz solar, lejos de recipientes que puedan contener basuras. La disposición final debe efectuarse en la tierra, con estricta observancia de lo que esas "hostias" han sido receptáculo.

CAPITULO 3: JERARQUIAS ECLESIASTICAS NOBILIARIAS

Sagradas Ordenes

1. Primado Gnóstico Catholikos Sar Mar Profeta/ Patriarca
2. Metropolita
3. Obispo
4. Arzobispo

Altar, ara, atrio, oblación

CARGOS – DIGNATARIO

a) Administrador Apostólico
b) Vicario General
c) Vicario
d) Canciller
e) Canónigo
f) Dean
g) Camarlengo (Chambelán)

h) Legado
i) Legado Plenipotenciario
j) Prefecto
k) Turiferario
l) Crucífero
ll) Ciriales
m) Catequista
n) Profesor
o) Guardian
p) Secretario
q) Ecónomo
r) Bibliotecario
s) Intendente
t) Centinela
u) Sacristán
v) Monaguillo
w) Zacateca
x) Síndico

Sería conveniente, una vez más recordar, como la transmisión de la sucesión apostólica de los apóstoles de Jesucristo fue a menudo interrumpida en los reinos europeos durante la Edad Media, cuando reyes y emperadores "hacían" obispos, arzobispos o cardenales a niños, jóvenes o adultos, sin vocación religiosa ni preparación adecuada, por meros intereses políticos o económicos. Por tal motivo se inventó la tradición de que por lo menos hubiera tres obispos que impusieran las manos en el nuevo epíscopo. Abundaremos en este tema más adelante cuando nos refiramos a los "episcopi vacanti".

Tanto el sacerdocio falso como el obispado simulado muestran cómo en el contexto bíblico se cumple la profecía de la "Gran Ramera", la madre de todas las abominaciones.

Sin el ejercicio continuado de la Auténtica Tradición Antigua, el descenso de la Presencia Divina jamás se produciría en ningún caso o circunstancia.

RELIGARE

Profesionalismo (Linajes)

MISTERICO – OCULTO – OFICIO – SACRIFICIO

ALTAR – OFRENDA – ARA (Piedra consagrada con reliquias y joyas) – ATRIO – OBLACION

SACRILEGIO = Profanar altares, objetos sagrados y/ o lugares consagrados

Canon de Nominado y Electo a ordenar o investir

Dogma Filioque y Cisma de Occidente (Miguel Celulario)

(Paciencia = La ciencia de la Paz)

Sacrificios Humanos:

1) Pueblos de América
2) Pueblos de Grecia (reciente descubrimiento de soldados enemigos salvajemente torturados y hasta enterrados vivos)
3) Sacrificio del carnero por Abraham después de que el Angel de Yaveh impidió consumar el sacrificio de su hijo Isaac, después de la "prueba" que Yaveh le puso.
4) Sacrificio de animales en el Templo por los Cohen y Levitas matarifes y Sumos Sacerdotes.
5) Sacrificios animales por pueblos primitivos y costumbres ancestrales en las Américas con el aporte de las tradiciones africanas, meso y sudamericanas y en el paganismo. Superstición y Hechicería.
6) Los sacrificios mágicos – taumatúrgicos, alquímicos y maléficos.

7) El Poder del Brujo, Nagual, Hechicero, Mago, Taumaturgo y la Jerarquía de la Sucesión y Transmisión de los "Poderes"
8) La Rama Dorada = Cetro / Lingam = Esperma Sagrado y sexualidad sacrificial
Adam Kadmon y Eva Arcana
El sacrificio sangriento y el sacrificio órfico (de ofidio = serpiente)
Kundalini = Arcano, Tantra
Aquelarre= Misa Negra de Magos Errantes con magia corrupta y comportamiento corrompido
Maituna = Kama Sutra y
Ananga Ranga
Totem y Tabú – el Fetiche y el Golem – el Afiche y la Pancarta

9) Misteriología del Tau – Sacerdote - Taumaturgo
Sofrosis, Mekenes, Hipnosis, Mesmerismo, Mentalismo
Transmisión de las llamas
Operador de Exorcismos

Elixir Sagrado: soma, ambrosía, esperma sacrificial (Magia Negra)
Esperma Sagrado: El Iniciado en "Arcano Mágico" (Tantra Sagrado)

Fluído Vital (la Iniciación Asexual) = Ascesis de Metanoia/ cambio-transmutación

SIEMPRE RECORDAR:

He venido solo a servir a la Casa de Israel

Todo el que crea y sea bautizado será salvo (parece antinómico/ contradicción e Hiper-Meta-Proto del uso de la alquimización mistérica.

10) Antigüedad de María Magdalena y la Tradición Merovingia restaurada en la contemporaneidad.
Presente y futuro

Aptitud y Actitud
11) Jerarquía religiosa nobiliaria. El Herisarca (Grande y Supremo) es el Imperator por derecho propio.
Hecho y Derecho (Facto et Iure)

CAPITULO 4: EL SACERDOCIO INICIATICO

Breve Breviario

Iniciación Sacerdotal

(Ordenación Mistérica) Investiduras e Instalaciones

Desacralización de Moisés y la Ley (origen del Derecho canónico)

Sabed que:

"Lo que el hombre sembrare, eso recogerá"

Imitación de Cristo, modelo a seguir

Fuentes de la Revelación: La Escritura, La Tradición y el Magisterio.

Kerigma-Didake

Metanoia y Koinonia
Metempsicosis = Reencarnación

Didaskalia apostolorum y Filokalia
San Jerónimo
Martin Lutero

Al ser ungido, el Sacerdote se convierte en "otro Cristo"

APTITUDES PARA DESARROLLAR:

Etica
Comportamiento
Aseo personal
Vestuario y atavíos
Porte elegante
Imagen respetable
Actitud devota
Ejemplo a seguir

El género en el ministerio
El sexo en la educación religiosa
La Educación es la aristocracia del espíritu

Los cambios en el Orden Sagrado en el
Antiguo Testamento después y ahora
La Misa Antigua católica, Ortodoxa
La Misa Cósmica (ecuménica)

Iniciación Sacerdotal

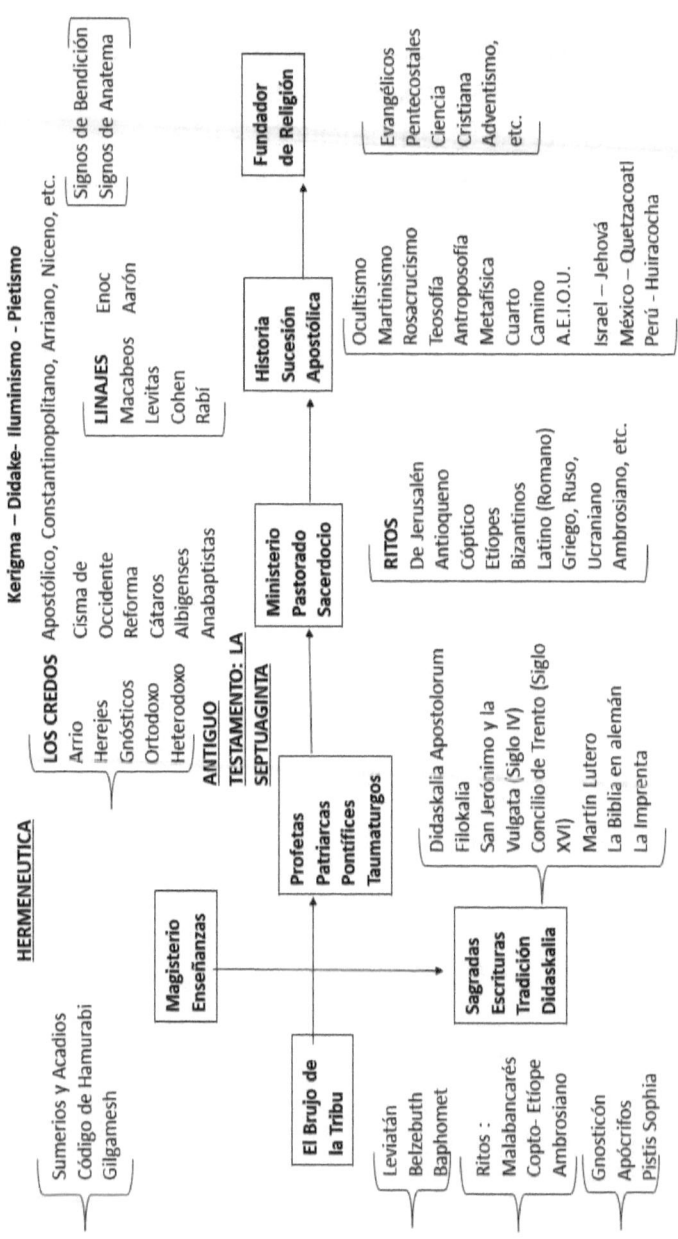

CAPITULO 5: LA HEREJÍA DE OCULTURA

La Doctrina del Cristianismo Esotérico Contemporáneo promulga la emancipación de las ataduras y falsos conceptos arraigados en nuestra Fe por los mercaderes de la religión.

El Sistema Ideológico de la Ocultura Universal preconiza la herejía, o sea, la rebelión de los paladines de la Verdad que sustentan el conocimiento histórico lógico que presenta a nuestro Maestro de Maestros, el Sublime Rabino de Galilea y Supremo Sacerdote según el Orden de Melquisedec, Jesús Nazareno, el Cristo Gnóstico. La didáctica herética nos revela un Redentor que se ubica dentro de la unicidad de Dios y Hombre verdadero. La identidad del guerrero celote vindicaba la liberación de Israel y la consumación de su humanización como Verbo Encarnado que alcanza la realización hominal en sus posibles amores secretos, Marta y María y Susana, tal vez Verónica y quizá también Salomé. El Enviado, Mesías encontraría el verdadero amor en María de Magdala, la que luego de haber conocido los matices de la sensualidad encontraría en Jesús la arcana pasión ideal de la que nacerían sus tres hijos: Amador, Sara-Sophia y Emineo.

En esta Obra literaria presento al mundo la Dispensación del Tercer Milenio con declaración definida y nítida de un Evangelio (mensaje, comunicación) del Reino (nivel de consciencia superior) que a nosotros nos ha llegado en Avatar de la Era de Piscis, Jesús, el judío más grande de la Historia y que en la Era de Acuario reaparecerá "entre las nubes" la Reaparición del Señor de la Historia, la Segunda Venida del Cristo Gnóstico que con los ángeles de las Jerarquías Celestiales,- léase extraterrestres -, y la Crista Mística, vendrá a reinar "con vara de hierro" o sea el Cetro del Poder.

Como parte integrante del Proceso Planetario de la Implantación del Señor de la Segunda Venida el precursor del Avatar de la Nueva Era, se está llevando a efecto la transformación teúrgica del Sacerdocio Ministerial para hombres y mujeres que reciban el llamado y esperen por su elección entre los 144.000 que serán el Liderazgo Mundial y por lo tanto serán ungidos como "sacerdotes y reyes".

Para los débiles de coraje, mediocres y falaces, pronuncio este apotegma: ¡fuera los coprófagos, los mancos mentales y los sepulcros blanqueados! La Sabiduría de Ocultura Universal y el Existencialismo Esotérico, la Evaluación Teleológica que se inserta en la sentencia "Con Dios Todo, sin Dios nada".

La Inerrancia del Profeta en contraposición a la Infalibilidad Papal

La presente Obra se compone de dos aspectos:

Iniciación Sacerdotal, con un compendio de enseñanzas que sintetiza y converge en la preparación al sacerdocio ministerial de capellanes y los diversos grados del estado clerical tanto para hombres como para mujeres sin discriminación de ningún tipo. Esta catequesis es para todos en general y para los buscadores de la espiritualidad en especial.

Sacerdocio Iniciático es un cúmulo de instrucciones secretas dedicadas exclusivamente, - salvo muy significativas excepciones privilegiadas, - a los que han sido ordenados como Capellanes. Este Manual se entregará a los ordenados al sacerdocio ministerial cuando reciban las Palabras Internacionales de identificación y la asignación del Ángel Tutelar Personal.

Se ha hecho patente el fracaso de la Teología en las diversas vertientes: Primero, la fundamentalista, o sea concepción literalista conservativa que por carecer de planteamientos acorde a la ciencia ha sido superada y desechada. La de índole liberal en la que se inserta la llamada "Teología de la muerte de Dios" que ha proliferado en el tinglado de los romanistas y protestantes de la mitad del siglo XX y la modernista que aparte de Karl Barth ha tomado los presupuestos de Hegel en su libro "Sobre la muerte de Dios" y los pensadores existencialistas originales, Soren Kierkegard, Martin Heidegger, Albert

Camus y Roger Garaudy, entre otros pensadores de los siglos XIX y XX.

El interesante movimiento denominado "La Gnosis de Princeton" y sus concomitantes gnoseológicos del jesuita Teilhard de Chardin y del círculo ideologizante ya pasado de moda en el que se destaca el polifacético adalid de la bufonada estética, el pintor Salvador Dalí.

El aporte más lujoso de la Teosofía y sus derivados, el orientalismo tántrico y la Antroposofía, se reúnen en los postulados clásicos del Ocultismo serio y filosófico y el Espiritismo frustrado en sus iniciales y actuales proyecciones de un espejismo a veces tan fanático como el de los Evangélicos y la fascinación que produce la Psicotrónica y la Parapsicología como herederas de la Metafísica de Aristóteles.

La Ocultura Universal que preconiza la Doctología es la más elevada propuesta ideológica con el discurso taumatúrgico de su fundador, el autor de este libro.

La función del Profeta es la de Maestro Espiritual (etimológicamente profeta procede del griego "profetes", o sea, mensajero y mantiene relación con el término latino "profiteri", raíz de la palabra profesor) . La característica específica del término espiritual es su vinculación al contacto con el mundo espiritual, el plano invisible del mundo de la Existencia Suprasensible o si se prefiere, el nivel de antimateria o el estado existencial astral, o sea, supra-físico.

El Profeta posee la facultad de penetrar en los niveles akáshicos o memoria de la naturaleza y el universo, así como tener conexión con los ángeles y seres psíquicos, tales como los Maestros y Guías, y por supuesto también con los desencarnados o sea los llamados muertos. Las esferas de interacción del Maestro Espiritual abarcan todos los puntos cardinales del sistema Solar Ors (el nuestro). En la Búsqueda de la Verdad, el Profeta ejerce la instrumentalización de los factores incidentales del destino manifiesto de la percepción de los posibles cambios en el futuro a partir de las acciones y reacciones de los centros superiores del aparato cognoscitivo de los discípulos de diversos grados iniciáticos.

La Iniciación en las Escuelas Esotéricas, Órdenes Mistéricas, Fraternidades Herméticas y Sociedades Secretas abre la puerta-vía a la emancipación del destino manifiesto por la comunicación por intermedio del Profeta con las grandes entidades espirituales.

El Templo, la Iglesia, la Ermita, y otras dependencias de la Sede Primada incluyen la Escuela Esotérica de la Internacional de la Iniciación, el Seminario Rey de Reyes, la Universidad Internacional de Teología y Parapsicología y el Corpus Mysteriorum.

El Maestro Viviente, Baba Sar Mar Profeta, posee la inerrancia, la clarividencia y clariaudiencia, el contacto con Maestros Ascendidos y las Jerarquías del plano invisible (ángeles, seres extra y ultraterrestres).

"TODOS CONOCERÉIS QUE SOIS MIS DISCÍPULOS POR EL AMOR QUE OS TUVIEREIS LOS UNOS A LOS OTROS"

Jesús dijo: Bueno sólo es Dios, cuando sus discípulos le dijeron "Maestro bueno"

En los Seminarios y Centros Superiores de Estudios Eclesiásticos se ha de practicar el compañerismo verdadero y la camaradería intelectual (decir, reconocer, pensar que los otros tienen también muchas cualidades, incluso más que nosotros mismos).

Un discípulo, estudiante, alumno con reales probabilidades de éxito en la carrera, debe siempre hablar bien de sus colegas y nunca de sí mismo.

CAPITULO 6: LA DISCRECION EN EL CONOCIMIENTO APLICADO

Visión de la vocación para saber si se tiene y se está preparado
profesionalismo
respetabilidad
credibilidad
clase y distinción
refinamiento
selectividad
observación análisis y discreción
control mental y emocional

simonía (el pago en alguna forma por ordenación o investidura, la invalida de facto y de iure)
desacralización
sacrilegio (acción de no respetar ni reverenciar los símbolos sagrados)

vicio de consentimiento y otros vicios (en matrimonio o esponsales amorosos o de diferente tipo)

identificación de símbolos (cuales, cuántos, diferentes)

SUTILEZAS EN LAS CUALIDADES A DESARROLLAR
San Agustín: el sacramento es válido, aunque el oficiante sea un pervertido
obligación del sacerdote de celebrar Misa, aunque esté en pecado
sucesión Episcopal válida por los factores espirituales, morales y canónicos que deben concurrir en la aplicación de la validez de las ordenaciones sagradas
catolicidad y apostolicidad
pedir – rogar - suplicar
sacerdocio= ofrecer sacrificios
predicación
sermón, homilía, homilética
peroración/ perorata
prosopopesis/ prosopopeya
verborrea/ perogrullada
paradigma/ mayéutica
retórica - oratoria sagrada
vocación sacerdotal, formación y profesión

no cambies dinero por salud; es mal negocio

Este manual de eclesiología a nivel catequético para coadyuvar a que se eduque al aspirante el sacerdocio
Propedéutico – conocimiento previo para el estudio de una ciencia o disciplina determinada
derecho de estola sacramental (compensación no solicitada en calidad de donación)
Tribunal de la penitencia - ministerio de reconciliación confesión auricular y táctil (en el caso de enfermos)
Natural – sofisticado
Esencial - artificial
Relevante - irrelevante

no psicoanalizar (por canon, el confesor no es un juez)

Agape – Misa - Eucaristía
Arcano – Agape del Arcano

La Cardiomorfosis y su simbología: El hypogrammon barroco del culto al Corazón de Jesús.

FRACASOLOGIA

1. Lástima de uno mismo. Aparatosa resistencia de las defensas mentales.
2. Hacerse la víctima. Inestabilidad, irritación, temor
3. Enajenación = auto engaño, engaño de sí mismo = enajenarse, enervarse, evadirse.
4. Apego a los falsos apoyos = muletas psicológicas. Inseguridad, angustia, ansiedad, temor.
5. Negación de la propia responsabilidad = echar la culpa a los demás – intentar que otros cumplan nuestro dharma.
6. Frustración personal porque otros no hacen lo que uno quiere, desea o cree que necesita. Envidia de los logros y triunfos ajenos.
7. No verse tal como uno es.
8. Ocultar ante uno mismo las faltas y errores que siendo propios atribuimos a los demás.

Umbral del dolor

FELICIDAD-PAZ-SALUD-AMOR-COMPRENSIÓN

Emocionología. Inteligencia emocional
Parapsicología
La Psi y la Metafísica. La solución existencial de los problemas.
Herramientas e instrumentos para el encuentro con uno mismo.
Mediación teológica de un cristianismo vivencial.

Lugares donde acudir mentalmente al hacer la meditación:
Gran Cañón del Colorado en Estados Unidos de América. Royal Theton y sus cuevas secretas. En la India, las cuevas de Ellora, en Inglaterra y otras partes de Europa, las ruinas sagradas.

Anhedonia = falta de capacidad para experimentar placer

Se superan las muletas psicológicas:
- con audacia,
- entereza,
- una elevada imagen propia verdadera,
- confianza en Dios y encuentro personal con Cristo

Deberes Sacerdotales:

Leer diariamente la Biblia
No comer antes de la Misa, aunque se puede desayunar con leche o jugos, no solo por devoción y sacrificio sino para no provocar problemas estomacales
Votos de silencio
Derecho de estola y diezmos y tributos
Conducta corporal (no tocarse el cuerpo, etc.)
Cuenta de conciencia
Obediencia al obispo y al Superior (La orden que se debe cumplir es la de aquél que posee mayor jerarquía y siempre será la última de las órdenes impartidas)
No mirar hacia el exterior ni mover el cuerpo, ni rascarse durante las celebraciones litúrgicas
No atravesarse en medio de la Liturgia donde se encuentra el oficiante
Cuando el Jerarca o los fieles estén de pie, nunca sentarse
Hablar con medida, silencio y discreción
No discutir, ni criticar ni disentir de los superiores eclesiásticos o habrá excomunión si esto se prolonga después de tres advertencias

El Primado en Occidente y el Patriarca en Oriente, pueden disolver las investiduras u órdenes sagradas a su discreción.

Horas de estudio y lectura equivalente a niveles:

- tesina de evaluación
- tesis de grado
- diplomados
- certificados

Antiguo Testamento = Sumo Sacerdote, Cohen, Levita
Nuevo Testamento = Obispo-Patriarca-Primado

"EL SACERDOTE ES OTRO CRISTO"

1) Santo Cura de Ars (San Juan Bautista María Vianney) Patrono de los Seminarios.
2) Un cura se confiesa (José Luis Martín Descalzo)
3) Imitación de Cristo (Fray Tomás de Kempis)

Las oraciones son mantras y no meras repeticiones.

Sacerdocios:

Levítico = Aarón
Melquisedec = Cristo
Enoc = Enoquiano
Sacerdocio Iniciático de la Orden de Metatrón
Sacerdocio de la Crista Mística

EL ESCOGIDO:
educación
capacitación
culturización

EL LLAMADO
(no se busca una pose o condición social destacada, sino el ideal de servicio devocional y vocacional)

EN LO POSIBLE, FLEXIBLE, o sea, la ecuación preferencial con los candidatos y aspirantes al sacerdocio ministerial de los capellanes.

REGULACIONES Y PRIVILEGIOS

1. Confidencialidad – confesión. Ninguna autoridad puede obligar a declarar.
2. Entrar en hospitales, etc. a cualquier hora, a petición de enfermos o familiares.

Ley de Amra
Diezmo

LIBROS SAGRADOS:

Biblia
Sepher Yesirath
Zohar
Libro de Enoc
Pistis Sophia
Mysterikon
La Otra Biblia
Cábala

Libro Canónico: Ruder

PADRES DE LA GNOSIS (en los orígenes del Cristianismo)

Orígenes
Valentino
Basilíades
Marción
Clemente de Alejandría

Manes (Mártir del Esoterismo Cristiano)

(Sacramentos = Misterios
Sacramentales = Ceremoniales)

Devoción = Amor al Señor
Sacrificio por el ideal del Maestro
Visión – Disciplina – Cumplimiento
Iniciativa – Aptitud constructiva activa
Liderazgo – Obediencia – Humildad

Autoridad Eclesiástica
Jurisdicción Eclesiástica
Incardinación
Votos Solemnes Perpetuos
Licencias eclesiásticas

Diploma Sacerdotal
Certificado de Sacerdocio
Pasaporte Eclesiástico

Ordo Divini Officii

Epacta

Palabras secretas sacerdotales de identificación internacional de los Sacerdotes y Obispos

CAPITULO 7: NUESTRO OBJETIVO SUPERIOR EN LA VIDA DE ECLESIASTICO

"Adorar, amar, servir y predicar al Cristo Gnóstico, Jesús de Nazaret."

"No hay nada nuevo bajo el Sol", como dijera Salomón

Movimiento ecuménico Vaticano II
Cursillos de cristiandad
Renovación carismática versus pentecostalismo
Acción Católica - Caballeros de Colón versus Masonería
ORIGINACION:

1. El Movimiento Sacerdotal Obrero – Francia 1945, 1954 y otros países de Europa
2. El Movimiento Carismático – "De Colores" y el "Camino del Catecumenado

1965" en Islas Baleares (Mallorca). Se les conoce como los "Los Kikos". Su fundador se vestía con traje y corbata negra y nunca fueron ordenados en ninguna Orden Sagrada.

Movimiento Focolar (también llamado focular).

3. El Diaconato Lego (Laico). Voluntariado que se estableció después del Concilio Ecuménico Vaticano II y que se desarrolló posteriormente para hombres casados (a veces solteros) con vocación voluntaria laica.
4. Asociación Mundial Sacerdotal. Asociación Internacional de Clérigos Voluntarios. Asociación de Sacerdotes Voluntarios. Asociación Eclesiástica Independiente de la Orden Sacerdotal de la Crista Mística.
5. Clero Regular – Clero Secular o Diocesano y Clero Voluntario.
6. Diversos Movimientos Internacionales para sacerdotes casados
7. Diversos Movimientos Internacionales para sacerdotes legos voluntarios.

ORGANIGRAMA ECLESIOLOGICO

El que recibe Profeta en Nombre de Profeta, merced de Profeta recibirá"
COLEGIATURA – HOMOLOGACION = Grados "Iniciáticos" Eclesiásticos y Académicos
Organismos de Reconocimiento Internacional de la Profesión Eclesiástica.
Acreditación Internacional de estudios cursados con notas y créditos por tiempo y trabajo de formación.
Código de Derecho Canónico - El Ruder

Religionista – Profesionalismo Elevado
Requisito indispensable el Título Académico
Espiriteuta – (Sacerdocio)
Metafisicista – (Practicionista)
Parapsicólogo
(Cultos Ocultos) <Teocracia>

Títulos Honorarios – Licenciaturas, Diplomados

Servicio religioso voluntario

Sacerdocio ministerial: Clerical y curia
1. Diácono, archi y proto-diácono

2. Ministro, Predicador
3. Pastor
4. Subcapellán (Teniente cura), procapellán, cocapellán, capellán y archicapellán
5. Presbítero, proto-presbítero, arcipreste
6. Prelado, corepíscopo, coadjutor
7. Clérigo por privilegio (excepcional)

CREDENCIALES:

Graduación – Seminario Teológico
Ordenación – Iglesia Católica, Ortodoxa y Gnóstica
Convalidación – Boards de reconocimiento

Profanos
Neófitos
Ilustrados – Maestría
Enciclopedistas – Licenciatura
Doctólogos – Doctorado - Parateólogos

ETICA -ESTETICA= Confiabilidad, Lealtad, Sinceridad, Fidelidad

Votos y Juramento de Obediencia, etc.

Pública Aceptación de gente noble y buena

Prestigio entre los hermanos

Voluntario, Lego, Laico – es decir, sin estudios completos de Seminario Teológico

Ceremonias Ritualistas Judeo-Hebraicas del Nuevo Testamento:
-Anunciación,
-Abstinencia
-Los Reyes Magos
-Ofrenda en el templo
-Circuncisión
-Pascua del Cordero

Bitácora y Reporte mensual, semestral o anual
Obligaciones diarias
El Breviario

Nota: Iniciación al Sacerdocio y viceversa. En el sacerdocio hay 12 pórticos, 9 umbrales y 7 velos.
Templo, Santuario y Sancta Sanctorum

Dios como evento histórico
Teología de la muerte de Dios de Hegel, Roger Garaudy, Charles Hainchelin.

Karl Barth, los teólogos dialécticos protestantes, movimiento desacralizador y sus orígenes en la Teología nazi, y sus expositores eclesiásticos que suprimieron el Antiguo Testamento con el Kalevala y la Trinidad Nórdica de Odín, Freya y Thor.
Los falsos evangélicos afirman: "Una vez salvo siempre salvo", lo cual es tan falso como estúpido.
reencarnación
resurrección
muerte térmica
muerte hasta la resurrección = inconsciencia
Inerrancia iluminada esotérica versus infalibilidad papal romana

iniciación sacerdotal
catequesis eclesiológica
lo básico - escriturario y epistemológico
lo fundamental - fundacional - exégesis
lo histórico – hagiología -mariología - angelología -demonología
lo desarrollado
lo actual
lo futuro - escatología
Movimientos sectarios aberrantes: el Templo del Pueblo de Jim Jones, la secta Davidiana de David Koresh, Joseph Smith

(el Angel Moroni), Mormón y las Tablas de Oro de las tribus perdidas de Israel; el pseudognosticismo y el Teosofismo; el falso Teosofismo de Jedu Krishnamurti y las Sectas apocalípticas y extraterrestres.
Nota curiosa: En la Barcelona de los años 70 había más organizaciones de parapsicología, metafísica, ocultismo, orientalismo y similares que en el resto del planeta

Notas sueltas:
Los cultos africanos macumba, candomblé, vudú, santería y derivados.
Sixto Gastón Agüero: autor cubano de una curiosa monografía "El materialismo explica el espiritismo y la santería", acerca del materialismo esotérico y la Santería del marxismo heterodoxo pro-soviético.

lego = desconocedor
seglar = laico
Transubstanciación y transignificación
Los dogmas son inamovibles, pero no su reinterpretación
La auténtica interpretación del magisterio
No hay preocupación más fuerte para el que está ocupado, que venga un desocupado a darle conversación.

CAPITULO 8: SABED, HERMANOS Y HERMANAS

"Están aquí los llamados en función de sus espirales y su elevación. A los demás: ¡fuera los profanos! "

Invocaciones

1) Los Maestros, los ángeles y espíritus elevados y el Avatar. Los contactos, la proyección astral, la visualización.
P. P. "Vitriólico-Azogue"

2) Lo declarado = lo no expuesto

La Implantación: proceso de 7 años a partir del año 2022

A) universalización de la Iniciación Crística
B) selectividad "muchos los llamados, pocos los escogidos"

C) "no hay religión más elevada que la verdad"

D) el Sacerdocio Iniciático Universal: naguales, Lamas, Cohen, ministros, imanes, chamanes, taumaturgos, igual el nuevo sacerdocio de ambos sexos que suplantará y regirá la nueva religión mundial, en su período de 110 años de consumación. Mientras que externamente se conservarán las Grandes Religiones de la Historia.

3) Rejuvenecimiento mental que conlleva la dimensionalidad de la renovación de la salud, la energía y la supra conciencia.

Este ciclo de siete años emancipa de la angustia, el dolor, la ignorancia y la contaminación exterior.

"por la devoción a Dios se alcanza la Gnosis, la Sabiduría Divina"

"aquellos que lo reconozcan lo verán primero"

"felicidad equivale a la armonía entre la Verdad y la Eternidad" "actualizar el poder interno"

4) La vía para la interacción de los Maestros y el ideal del discipulado del Avatar. Cada iniciado debe y puede tener un Maestro invisible. De entre los iniciados de mayor grado el Avatar Baba Maron Athos elegirá 144,000 discípulos que, por el esfuerzo, el sacrificio y el desarrollo lograrán el Karmarless que les propiciará la liberación de la reencarnación.

El Baba inspira la Doctología, el Existencialismo Esotérico y la Auténtica Enseñanza Iniciática de Ocultura Universal.

5) Estados existenciales a nivel humano y cósmico: nuevos fermentos de los estados trascendentes de conciencia. Activación del centro neutralizador de kundarfer. Activación del centro específico el órgano Mitrion que se insertará-implementará como una piedrecita luminosa en el cráneo encefálico. Inteligentzia de los Yoes integrales de la personalidad. Exteriorización y evolución.

6) Cinturón de Orión: el ecuador del Universo y el Sistema Solar Ors, los super-

universos, las galaxias nebulosas y el Multiverso
la vía de Júpiter y sus satélites y la de Andromeda, Alfa Centauro, Orión

7) Los 12 Melquisedec en el Universo
Los Cristos en la Iniciación y en la Historia.
Las Entidades Contrastantes = Seres aritmánicos y luciféricos, nephilinos, reptilianos y annunakis.

"El nirvana es aquí y ahora"
Porque:
"El cielo está en vosotros"

CAPITULO 9: INICIACION INICIAL INICIATICA

Luminato o iluminación transcendente, producto de la Iniciación, Ordenación e Investidura
Grados Eclesiásticos
Tesinas cada 6 meses
Purificación – Kenosis = vaciamiento y limpieza del Ser Real
Karmarless (sublimación del Destino)
Cumplimiento del Mandamiento de Amar a Dios sobre Todas las Cosas
En la Iglesia de Cristo el Dharma = Obligación del diezmo y la Ley de Amra. Dar a la vida lo que de la vida recibimos

Deberes de los Ministros
obediencia canónica
servir en el altar y santuario
colaborar con tareas del Templo
visitación a enfermos y confinados
ayuda en las miserias humanas tanto morales como materiales

cumplir con escrupulosidad con el diezmo a la Iglesia

Deberes de los Pastores
cuidar el templo
servir al rebaño-feligresía yendo a hospitales, hospicios casas de hogares de niños, ancianos y enfermos
obediencia canónica
dedicar tiempo al servicio en lugares designados (hospitales, hospicios)
oficios en funerarias y cementerios

Deberes de los Capellanes
oficios en Templos, funerarias y cementerios
visitar Hogares de Ancianos, Hospitales, Hospicios,
participar en la solución de los asuntos, problemas y situaciones, ayudando directamente y no dejando que siempre sean otros hermanos los que se ocupen de gastos, necesidades y acciones
obediencia en cuanto a las funciones que le sean asignadas
bautizos, visitación sacramental
consolación de los afligidos

Requisitos para las Ordenes Sagradas

cumplir con todo lo que debe ser un cristiano
cumplir con los deberes clericales
ayudar en lo que se requiera para el sostenimiento de la Iglesia
estudio de las sagradas escrituras, ciencias, psicología y cultura
práctica mística de la meditación a los efectos del autoanálisis
cuentas de conciencia al Obispo
autocrítica
reporte mensual de lo que se realice en cumplimiento del deber
cuaderno de bitácora
actuación en relaciones públicas, disertación y predicación.
lectura diaria de la Biblia
obligación de orar por enfermos, necesitados y difuntos

La tradición, los cánones
El clérigo que no cumple será suspendido, depuesto y/o excomulgado

juramento canónico de obediencia

eclesiología
sagrada Escritura, tradiciones
magisterio episcopal
teología = sistemática, histórica, moral,

En el estado clerical no se admite actitud deportiva, porque revestirse no es disfrazarse

Santo Sacrificio de la Misa

Los ángeles y los humanos convergen en los Sacerdocios de: Melquisedec, Aarón (levitas y pontífices) y Enoc (el Sacerdocio angelical de Metatrón).
Dice Jesús: "muchos serán los llamados (*por los ángeles y por los santos de las esferas celestiales*), pocos serán los escogidos" (*los que tienen el privilegio de ser seleccionados por el mismo Cristo para los diversos grados eclesiásticos*).

El sacrificio (equivalente a oficio sagrado), es el nivel más alto del camino del desarrollo espiritual a través del servicio divino.

Devoción al Padre Celestial

Vocación de servir al Señor de la Iglesia Humildad y desprendimiento en el proceso generoso que lleva a la espiritualidad y la Vida eterna.

El sacerdote es "otro Cristo" porque realiza la Imitación de Cristo al nivel más elevado. No hay Sacerdocio sin sacrificio y entrega total, dando y dándose.

La necesidad de buscar nuestra verdad para tener el valor de alquimizarnos y transformarnos en algo mejor que no sea ni vulgar ni egoísta sino ofrendar la pureza de los pensamientos y sentimientos en las acciones (la fe sin obras es muerta), cuya recompensa una vez cumplido escrupulosamente el deber, redundará en beneficios personales y familiares limpiando el karma (Karmarless).

"Aquel que quiera ser mi discípulo niéguese a sí mismo, tome su cruz y sígame."

No es un camino fácil, pero es el más valioso que se puede buscar y encontrar. Este sendero no tiene nada de deportivo ni superficial, sino que es profunda y hondamente místico. En esta etapa de la vida individual de cada uno ésta es la oportunidad suprema. Cada uno de ustedes debe con sinceridad delante del señor analizar sus imperfecciones, flaquezas, debilidades, egoísmos y falsas justificaciones.

Este no es un sendero barato, para gente barata.

CAPITULO 10: LAS FUENTES DE LA REVELACION

Una vez más, tened presente:
a) Sagrada Escritura
b) Tradición
c) Magisterio eclesiástico
d) Pseudo- Apócrifa = Gnosticón
e) Didaskalia Apostolorum - Filokalia

Los Prolegómanos:
Torah, Talmud, Zohar, Sefer Yesirath y los Sefirot
Las Escuelas Vetero-Testamentarias:
Elohística, Yavística, Sacerdotal (Esdras)
Yaveh, Quetzacoatl, Huiracocha
Código Derecho Canónico Oriental (Ruder)
Votos de Obediencia
Tradiciones Asirio Babilónicas, Indas, Egipcias, Popol Vuth, Chilam Balam
Salambo (Cartaginense)
Batracomiomaquia (La guerra entre las ranas y los ratones) atribuida a Homero

La civilización de Mu (continente de Lemuria)

1.1 JURISDICCIONES ECLESIASTICAS
Facto et Iure (Hecho y Derecho)

2. ECLESIOLOGIA Y SUS PROTOCOLOS
A) Sucesión Apostólica – Grados Epíscopo, episcopal, presbítero, diácono, diaconisa, Abadesa (mitrada) – clérigos y laicos
B) Obispo, Arzobispo, Exarca, Eparka, Coadjutor Regional, Primado y Patriarca = Sumo Sacerdote Hierofante, Herisarca
C) Taumaturgia – Autoridad – Poderes
D) Grados en órdenes = válidas, ciertas,

Derecho de Pernada (en el Medioevo los obispos y señores feudales verificaban la virginidad de las mujeres en el matrimonio y certificaban después de comprobar "introductio penis" ese estado. También se ha conocido como "ius prima noctis" o derecho a la primera noche.

El Canon de los Reyes. El Papa podía exigir (y a la vez liberar del secreto de confesión) la información recibida en confesión a los confesores de los reyes y reinas y de otros nobles.

La auténtica interpretación del Código de Derecho Canónico. El Pontífice, Primado y Papa estaban por encima de la Ley Canónica.

Homilética – Linajes – Jerarquía
Concilio de Trento y los seminarios

El Concilio de Trento (1545-1563) crea los seminarios para el clero secular.

Almo Collegio Capranica, el más antiguo colegio romano, fue establecido para el clero diocesano. El Patrón de los Seminarios es San Juan Bautista María Vianney, el Cura de Ars.

    E) Ordenación femenina (Crista)
    F) Iniciaciones paralelas al grado eclesiástico

3. ETICA MINISTERIAL (RELIGIOSA)
No mover los dedos y brazos ni hacer señas con el rostro
Cuidar y conservar los rituales o cánticos litúrgicos impresos dentro del recinto de la Iglesia
No hablar lo privado

No vanidad, soberbia, ostentación, excesos
Cortesía, educación, modestia, civilización, recato, prudencia, discreción, amabilidad.

"Cuenta de Conciencia"

3. CULTURA

   Los Misterios de Eleusis y Samotracia: Orígenes Litúrgicos en el Teatro
   Humanidades, Arte Religioso

   Confiteor
   Introito - Kyries
   A) Asperges, Colectas (Oraciones)
   B) Liturgia de la Palabra – Munda cor meum
   C) El Credo (en la antigüedad se cerraba el Iconostasio y salían del Templo los catecúmenos (no bautizados)

4. TEOLOGIA
   CLERICAL ACTITUD: Fundamentalismo, Literalismo, Modernismo Pietismo, Liberalismo, Conservadurismo, Gnosticismo.

   Devoción
   Sacrificio
   Generosidad

Recordar:

Las 12 Tribus de Israel:
Rubén
Simeón
Leví
Judá
Dan
Neftalí
Gad
Aser
Isacar
Zabulón
José
Benjamín

Iniciación Sacerdotal

CAPITULO II: EL PODER DIVINO EN LA VOCACION

PROPIOCEPCION: PERCEPCION DE LAS PARTES DEL CUERPO DE UNO MISMO

ENGRANDECIMIENTO SOCIAL Y CULTURAL

LA DISCIPLINA, CONCENTRACION Y DEVOCION, ESTUDIO, LECTURA, ORACION Y MEDITACION

ESTE NO ES UN SENDERO "PART TIME" (A TIEMPO PARCIAL). ES A TIEMPO COMPLETISIMO

ESPEJO-VISUALIZACION- PROYECCION

HIPERTIMESIA: CAPACIDAD DE RECORDAR TODOS LOS DETALLES DE UNA VIDA

"SECRETUM SACERDOTAL""""

VICIOS CAUSALES EN EL ORDEN SAGRADO

LA INTELIGENCIA Y LA INTUICION JAMAS SE SUSTITUYEN CON LA MALICIA, LA PICARDIA Y EL MAL PENSAR.

DE FACTO – DE IURE (De hecho – De Derecho)
VALIDO – LICITO – FACTICO - JURIDICO

EPISCOPI VACANTI - Obispos Vagabundos sin auténtica sucesión apostólica, por causa de haber perdido la sucesión apostólica en los tiempos en que los reyes europeos consagraban obispos y creaban cardenales de la Iglesia Católica Romana "a dedo", simplemente entregándoles un anillo o un báculo a individuos sin preparación alguna ni vocación religiosa e incluso a niños en muchas ocasiones, sólo con el fin de darles poder y otorgarles las prebendas que la dignidad eclesiástica conllevaba.

La Iglesia Católica Romana estableció el requisito de que haya al menos tres obispos consagrantes en cada consagración episcopal, en la esperanza de que al menos alguno de los tres consagrantes tuviera una consagración válida y lícita. Requisito nunca basado en la Sagrada Escritura, sino sustentado por el contrario en una tradición tardía, creada a los efectos de contrarrestar la carencia y vacío de transmisión sacramental y taumatúrgica por la grosera, artera y sacrílega usurpación por parte de los reyes europeos de la auténtica y original sucesión apostólica, sustraída por su intervención en el Rito Litúrgico de la Consagración Episcopal. Resulta ridícula esta práctica ya que tres o más obispos consagrantes pudieran carecer simultáneamente de la legitimidad y de la validez del verdadero orden sagrado, dado que sus predecesores también podrían haber sido ordenados por la realeza temporal y no por los continuadores históricos del ministerio episcopal de los sucesores de los Apóstoles.

En los tiempos modernos existen personas inescrupulosas que, por colocarse un atuendo episcopal, pretenden ser obispos y fungen y fingen como tales.

Esta premisa tiene que ver con el hecho de que junto a la Religión de la Verdad existe una falsa religión. Como ejemplo máximo, la Iglesia Católica Romana con sus muchos Papas diabólicos y farsantes entre los que destaca Francisco, el cual actualmente vemos dictamina el desastre moral y teológico del Romanismo.

Le siguen otras muchísimas sectas de estilo pentecostaloide y muchos más que pretenden evangelizar. Estiércol de establo y propaganda gansteril.

Entre unos y otros subyace el grupo de pretendidos jerarcas disfrazados que tuvo su exponente más conocido en el Monasterio de la Santa Faz del Palmar de Troya en Sevilla, España. El auto titulado "Papa Gregorio" atrajo a lo más pretencioso y contumaz de diferentes países del mundo a su bizarro "pseudo Vaticano".

Volviendo a la micro facción definida como Episcopi Vacanti (Obispos Vagabundos) que no eran ni válidos en la sucesión apostólica, ni lícitos en la ética eclesial, carecen de legitimidad, educación, doctrina y respetabilidad. No tienen reconocimiento y carecen de templo, capilla o colegiatura. Integran una pestilente fanfarronada que tiene su sitio en la letrina del catolicismo enajenante de los pretenciosos aberrados mentales y sepulcros blanqueados.

Habría que agregar los cultos yoruba, lukumí, vudú, macumba, candomblé y similares que junto al Niño Finencio y otros pseudo santos, agonizan en el profundo ambidiestro analógico culipendioso hermafrodítico cunilingual en que está inmersa cierta sección de la humanidad: los mancos mentales dispersos y solapados, los coprófagos de los aquelarres de los grupúsculos que se destacan por lo ultérrimo de este vocablo asquerosoidal.

OTRAS CONSIDERACIONES:

SE RECOMIENDA REALIZAR AFIRMACIONES MANTRICAS DELANTE DE ESPEJO

LILITH- EVA – ADAN – CAIN – ABEL - SETH
SATANAEL- LEVIATAN- BELZEBUTH – BAPHOMET - IZUZU

ADAMICO
ENOQUIANO
SEPHER YESIRATH
SEPHIROT
ZOHAR
TORA
TALMUD
SENSAR –ESTANCIAS DE DZIAN
EXCALIBUR
TEXTOS AFRICANOS
TEXTOS MESOAMERICANOS
TEXTOS INCAS, MAYAS, AZTECAS, TOLTECAS
SALAMBO – MITOLOGIA CARTAGINESA

(SACERDOTISAS Y PITONISAS DE LA ANTIGÜEDAD)

PERSONAJES:
MELQUISEDEC
ABRAHAM
JACOB = ISRAEL Y JUDA
12 TRIBUS
SAUL (Primer Rey de Israel)
DAVID
SALOMON

ELEAZAR – ESCUELAS KABALISTICAS
ESDRAS – ESCRIBAS
EZEQUIEL – RUEDAS DEL SIMBOLISMO COSMICO
ENOC – LIBROS DE TRADICIONES ANGELICALES Y COSMICAS
MOISES (LEGISLADOR)
ELIAS
JONAS

AUTARQUIA
JERARQUIA
EPISCOPAL
PRESBITERAL
CONGREGACIONAL

FUENTES REVELACION HISTORICA:
SAGRADA ESCRITURA (La Biblia, Zohar, Talmud)

Iniciación Sacerdotal

TRADICION, ceremoniales y rituales

MAGISTERIO (Jerarquía de los Cohen, Levitas y Escribas, así como Obispos, Sacerdotes, Teólogos y Copistas anónimos del Antiguo y Nuevo Testamento)

LINAJES MAGICOS: HIERATICO – PROFETICO - TAUMATURGICO

TEOLOGIAS:
UNITARIOS
TRINITARIOS
PANTEISTAS
MULTIESPECIFICOS ANTIGUOS, MODERNOS Y CONTEMPORANEOS

ZOROBABEL – ZARATUSTRA - ZOROASTRO

LINAJES MAGICOS:
HIERATICO
PROFETICO
TAUMATURGICO

ORTODOXOS
CONSERVATIVOS
REFORMISTAS

TEOLOGIA SISTEMATICA
TEOLOGIA MORAL

EPISCOPADO:
1) CON SUCESION APOSTOLICA: RECIBE EL LINAJE DIRECTO DE LOS APOSTOLES

2) SIN SUCESION APOSTOLICA:
   BAUTISTAS
   METODISTAS
   PRESBITERIANOS
   ADVENTISTAS – TESTIGOS DE JEHOVA
   Y CULTOS BIZARROS

OFITAS
MAGICOS
ANIMISTAS
CATAROS (ENDURA)
ANABAPTISTAS
PIETISTAS
REFORMISTAS
PROTESTANTES
SINCRETISTAS

DENOMINACIONES HISTORICAS – NO HISTORICAS

LIDERAZGO:
PROFETICO
HIERATICO
LEGISLATIVO
POETICO
HISTORICO
SECRESIVO
MISTERIOLOGICO

CAPITULO 12: MANIFIESTO TEOLOGICO

LA DIVINA PRESENCIA EN LAS TRES DISPENSACIONES DE LA LEY, CON LOS SACERDOCIOS DE ABRAHAM, NUESTRO PADRE EN LA FE, DE ENOC, AARON, MOISES, DAVID Y SALOMON; DE LA GRACIA, CON JESUCRISTO Y SUS DOCE APOSTOLES Y DISCIPULOS Y, DE LA SABIDURIA, CON EL SUMO SACERDOTE MELQUISEDEC. LOS LINAJES SACERDOTALES QUE CONVERGEN EN EL ORDEN SAGRADO DE LOS PATRIARCAS, PROFETAS, TAUMATURGOS, HIEROFANTES, OBISPOS, DIACONOS, CLERIGOS, PREDICADORES, MINISTROS, PASTORES, CAPELLANES, COADJUTORES, METAFISICOS, PARAPSICOLOGOS, ORIENTOLOGOS, ENCICLOPEDISTAS, ACADEMICOS Y DOCTOLOGOS,

LA SUCESION APOSTOLICA DE LA IGLESIA CATOLICA DEL RITO ANTIOQUENO CON SUS LINAJES EPISCOPALES ORTODOXO-ORIENTAL, CATOLICO ANTIGUO, GNOSTICO, JACOBITA, NESTORIANO, MANIQUEO, CALDEO, SIRIACO, COPTICO, MALABANCARES, GALICANO, CATARO Y LA HETERODOXIA-HERETICA: JUDEO-CABALISTA, TEMPLARIA, ROSACRUCIANA Y MARTINISTA, SE CONGREGAN EN LA COMUNION ECLESIASTICA PANDENOMINACIONAL QUE PROFESA LA ARCANA ENSEÑANZA INICIATICA DE OCULTURA UNIVERSAL. LOS DEVOTOS EN LA FE DEL CRISTO GNOSTICO SE UNEN EN EL SIMBOLO DE LA ESPIRITUALIDAD DE LA RELIGION CRISTIANA: EL CREDO DE LOS APOSTOLES.

HEMISFERIOS CEREBRALES- SIMETRIA BILATERAL

CARISMAS – DONES ESPIRITUALES

ONDAS CEREBRALES (ENTRAR A NIVEL, MISA, ETC.)

ETICA – ESTETICA - DISCRECION DISTANCIA Y CATEGORIA Y CLASE SOCIAL

REVESTIRSE DE HABITOS SAGRADOS QUE CONLLEVAN UN COMPORTAMIENTO ELEVADO, ES DISTINTO DE DISFRAZARSE O DE REPRESENTAR UN PAPEL (EL HABITO NO HACE AL MONJE, SINO QUE EL MONJE SE DISTINGUE POR SU HABITO, O SEA, SU CONDUCTA HABITUAL).

LA SUTILEZA QUE LLEVA AL REFINAMIENTO, LA CLASE, LA ELEGANCIA Y LA ETICA MUESTRAN EL NIVEL AL QUE PUEDE LLEGAR EL ASPIRANTE AL SACERDOCIO.
LAS BUENAS MANERAS LAS GESTAN LA DISCRECION Y LA ELOCUENCIA E INDICAN QUIEN SE PREPARA BIEN PARA EL PASTORADO.

Los Factores Inherentes a la Muerte (Desencarnación)

1. ASPECTO FISICO: AUTOPSIA; DECLARACION FORENSE

(MEDICA) DE LA POSIBLE CERTEZA DE LA CESACION DE LOS IMPULSOS DE LA VIDA.

2. ASPECTO SOCIAL: SERVICIOS DE MORTUORIO Y LOS MAS CULTURALES LLAMADOS SERVICIOS FUNERARIOS.

3. ASPECTO METAFISICO (RELIGIOSO): CELEBRACION DE MISAS DE DIFUNTOS, PLEGARIAS, ORACIONES, EXEQUIAS Y RESPONSORIAL EN HOGARES, HOSPITALES, CAMPOS DE BATALLA, CREMATORIOS, CEMENTERIOS (ENTERRAMIENTO).

4. FUNCION DEL MINISTERIO ECLESIASTICO EN LA INSTRUMENTALIZACION DE LOS OFICIOS LITURGICOS DE CADA RELIGION.

5. ATEISMO Y MATERIALISMO VERSUS LA ESPERANZA DE LA FE. EPISTEMOLOGIA.

6. LA TESIS DE LA VIDA ETERNA DE LAS RELIGIONES EN CONTRAPOSICION A LA NADIDAD DE LA DIALECTICA Y/O LA CONCEPCION MATERIALISTA DE LA MUERTE (EL SER Y LA NADA DE JEAN PAUL SARTRE PRECEDIDO POR EL SER Y EL TIEMPO DE MARTIN HEIDEGGER, SOREN KIERKEGARD Y LA FILOSOFIA E IDEOLOGIA DE LA REALIDAD EXISTENCIAL DESPUES DEL FENOMENO DE LA MUERTE).

7. LA FISIOLOGIA DE LA MUERTE.

8. EUGENESIA (SUICIDIO)

9. EUTANASIA (ASISTENCIA PARA MORIR)

10. EXTERMINIO MASIVO REALIZADO POR REGIMENES DICTATORIALES COMO EL FASCISMO, EL NAZISMO Y EL COMUNISMO (LOS EXTREMOS SE TOCAN)

11. LA GNOSIS, EL ESOTERISMO Y LA DOCTOLOGIA ENSEÑAN QUE USTED HA VIVIDO ANTES DE ESTA VIVIDA Y SEGUIRA VIVIENDO DESPUES.
LA VIDA, - BIOLOGIA, - SE TRANSFORMA, PERO NUNCA DESAPARECE)
LA PSIQUE O ALMA ES INMORTAL, PERO SE TRANSFORMA, MIENTRAS QUE EL ESPIRITU, O SEA, LA ESENCIA DEL SER, ES ETERNO.

12. LA PSICOLOGIA CONTEMPORANEA EN RELACION A LA TANATOSOFIA Y TANATOLOGIA.

IDIOSINCRASIAS ESTIMULANTES DEL INSTINTO Y LAS EMOCIONES EN LOS GRANDES PENSADORES DE LA FILOSOFIA Y LA RELIGION, EN MUCHOS FILOSOFOS, AUNQUE NO EN TODOS.

- SOCRATES Y SU DISCIPULO PLATON Y ARISTOTELES Y SUS DISCIPULO, TUVIERON RELACIONES INTIMAS Y SEXUALES COMO LO QUE EN AQUEL

TIEMPO SE CONSIDERABA UN PRIVILEGIO DE LA ELECCION DEL DISCIPULO PREFERIDO POR EL MAESTRO.

- PITAGORAS, TALES DE MILETO Y ANAXIMANDRO ENTRE OTROS, TUVIERON RELACIONES INTIMAS Y SEXUALES CON SUS DISCIPULAS PREFERIDAS.

- PARECE SUGERIR EL NUEVO TESTAMENTO TESTIMONIO EN LOS EVANGELIOS DE UNA POSIBLE "INTIMA RELACION" DE JESUS CON MARTA, SUSANA Y MARIA, ALGUNAS DE ELLAS UNGIERON SU CABEZA CON PRECIADOS PERFUMES Y LAVARON SUS PIES Y LOS SECARON CON LOS CABELLOS DE SU CABEZA, LO QUE PUDIERA INDICAR UN BELLO ACTO DE SENSUALIDAD, INDICATIVO TAL VEZ DE UNA POSIBLE INTERSEXUALIDAD CON CADA UNA DE ELLAS, SIENDO LA APOTEOSIS, LA ELECCION DE MARIA DE MAGDALA COMO SU "ESPOSA".

SI MARIA MAGDALENA HUBIERA MANTENIDO RELACIONES SEXUALES CON OTROS HOMBRES, HUBIERA SIDO NORMAL Y JUSTIFICABLE QUE "SU ESPOSO" TUVIERA RELACIONES SEXUALES CON OTRAS MUJERES ANTES DE QUE ELLA, MARIA MAGDALENA, FUERA SU CONSORTE.

SEGUNDA PARTE: PARATEOLOGIA SECRETA

Iniciación Sacerdotal

CAPITULO I: MOISES

El nombre Moisés procede de una palabra egipcia, *mose* que significa "he nacido". Vemos que esta raíz se usaba en diversos nombres en el Antiguo Egipto como, por ejemplo, el faraón Tutmosis cuyo nombre significa "Toth ha nacido".
Sabemos de Moisés a través de los testimonios que aparecen en las escrituras bíblicas. El libro del Éxodo, redactado en el siglo V a.c., explica acerca de su salvación milagrosa cuando era un bebé y sus padres, para burlar la orden del faraón de acabar con todos los varones judíos, lo colocaron dentro de una cesta de mimbre que depositaron en el río Nilo. Llevado por las aguas, sería hallado por la hermana del faraón la cual encontró el cesto con el bebé llevándolo consigo al palacio.

Sin embargo, existen otros relatos de fuentes diversas tal como, la historia narrada por el sacerdote egipcio Manetón del siglo III a.C. acerca de una plaga que habría afectado Egipto en tiempos del faraón Amenophis lo cual propició el que un grupo decidiera huir desde Egipto hacia Palestina. En su recorrido arribaron a Avaris, donde eligieron a Osarsef, sacerdote egipcio de Heliópolis, como líder. Avaris es la antigua capital de los hicsos con los cuales Osarsef acabaría aliándose, imponiendo su propia ley, y gracias a esta alianza logró conquistar parte de Egipto. Según algunas teorías, Osarsef podría haber cambiado luego su nombre a Moisés.

Hay ciertas lagunas y aspectos muy cuestionables en la historia de Moisés y las Tablas de La Ley. Nos preguntamos: ¿si las Tablas hubieran sido dadas por Dios realmente a Moisés, se habría atrevido arrojarlas? Y en el supuesto de haber sido dadas por Dios, ¿se habrían roto las Tablas de la Ley al ser arrojadas por Moisés?

La historia comúnmente aceptada confirma que durante la dinastía XVIII (1552-1305 a.C.) Egipto experimentó la dominación de los hicsos, la revolución religiosa del faraón Akhenatón que impuso el culto a Atón, el

Dios Sol. En esa misma época tuvo lugar una plaga de peste que se extendió por el Oriente Medio, incluído Egipto.

El padre del psicoanálisis, Sigmund Freud, habló de similitudes entre las figuras de Yaveh y de Atón. La hipótesis de Freud era que Moisés fue egipcio y que extendió entre los judíos el culto monoteísta a Akhenatón.

Mas tarde otros autores elaboraron otras teorías. Jan Assmann considera que los eventos ocurridos durante dinastía XVIII en Egipto dieron lugar al mito en el que aparecían tres elementos: un pueblo dominante que invade y sojuzga a otro, plagas y un líder. En el mito, Akenaton, el faraón hereje, es sustituido por Moisés convertido en el líder salvador de un pueblo esclavizado, y el dios egipcio Aton habría pasado a ser Yaveh. Cuando los cronistas judíos redactaron la Biblia, realizaron un sincretismo de tradiciones egipcias y asirio-babilónicas.

Séfora, esposa de Moisés

Si hay un personaje femenino que merece por mérito propio que nos detengamos a reflexionar sobre su figura, este es Séfora, la esposa de Moisés. Dos mujeres juegan un papel predominante en la vida de Moisés. Primero, la hermana del Faraón lo salvó de las aguas siendo sólo un bebé, y luego su esposa, lo salvó de la ira de Yaveh. Moisés se puso en contra del Faraón y al convertirse en caudillo de los judíos, huyó de Egipto perseguido por el Faraón y su ejército. En su huída, encontró a unas mujeres junto a un pozo de Madián:

15 Oyendo Faraón acerca de este hecho, procuró matar a Moisés; pero Moisés huyó de delante de Faraón, y habitó en la tierra de Madián.
16 Y estando sentado junto al pozo, siete hijas que tenía el sacerdote de Madián vinieron a sacar agua para llenar las pilas y dar de beber a las ovejas de su padre.
17 Mas los pastores vinieron y las echaron de allí; entonces Moisés se levantó y las defendió, y dio de beber a sus ovejas.
18 Y volviendo ellas a Reuel su padre, él les dijo: ¿Por qué habéis venido hoy tan pronto?
19 Ellas respondieron: Un varón egipcio nos defendió de mano de los pastores, y

también nos sacó el agua, y dio de beber a las ovejas.
20 Y dijo a sus hijas: ¿Dónde está? ¿Por qué habéis dejado a ese hombre? Llamadle para que coma.
21 Y Moisés convino en morar con aquel varón; y él dio su hija Séfora por mujer a Moisés.
22 Y ella le dio a luz un hijo; y él le puso por nombre Gersón, porque dijo: Forastero soy en tierra ajena. (Exodo 2, 15-22)

De acuerdo con el Libro de Génesis, 25,1-4, los madianitas forman parte de la descendencia de Abrahán a través de Quetura, la última de sus mujeres.

La ciencia del judío Sigmund Freud, fundador de la Escuela del Psicoanálisis demostró a los que supieron entender la transmigración mítica del Arca Egipcia y el Tutmosis dinástico ('hermano' del Faraón Akenathon) en el Moisés de los hebreos.

Posteriormente tuvo lugar según narra la Biblia el encuentro de Moisés con Yaveh que aparece como llama de fuego en una zarza que ardía sin consumirse. Yaveh le ordenó liberar a los hebreos de Egipto.

Moisés, obediente, emprendió viaje con su mujer y su hijo y aquí se produjo un evento repleto de misterio:

24 Y aconteció en el camino, que en una posada Jehová le salió al encuentro, y quiso matarlo.
25 Entonces Séfora tomó un pedernal afilado y cortó el prepucio de su hijo, y lo echó a sus pies, diciendo: A la verdad tú me eres un esposo de sangre.
26 Así le dejó luego ir. Y ella dijo: Esposo de sangre, a causa de la circuncisión.
(Exodo 4, 24-26)

Séfora, la esposa de Moisés, lo libera de la ira vengativa de Yaveh, circuncidando al hijo en señal de sometimiento y sacralizando zona sexual de Moisés con la sangre del prepucio de su hijo, a fin hacerlo merecedor de la misericordia de Yaveh por haber, de ese modo, cumplido el pacto.
No deja de resultar extraño que Yaveh persiga a Moisés, como una Divinidad celosa y exigente del cumplimiento de los Pactos.

Por virtud de este acto de carácter sacrificial, Séfora (que no era hebrea, sino madianita e hija de un sacerdote de Madián) realiza una función "sacerdotal", haciendo lo que se suponía que Moisés hubiera hecho (circuncidar a su hijo y circuncidarse a sí mismo). Sólo ella, como hija del sacerdote de Madián (y actuando casi podríamos decir en esta ocasión como sacerdotisa) pudo liberar a Moisés la ira vengativa de Yaveh. Luego la historia bíblica narra que Moisés pudo continuar su misión emprendiendo viaje de nuevo

Iniciación Sacerdotal

CAPITULO 2: LIBRO DEL GENESIS

La cuna de la Civilización

La historia conocida comienza con los Proto Sumerios, pueblo previo al Diluvio Universal, la gran catástrofe mundial registrada en las tradiciones de todos los pueblos de la antigüedad.

Los Proto Sumerios se pierden en los orígenes de la civilización occidental, como habitantes de Mesopotamia, que significa "la tierra entre dos ríos". Su llegada se describe en los registros sumerios, acadios, así como en las antiguas tablillas babilónicas cuneiformes.

La Historia "oficial" designa a Mesopotamia como la cuna de la civilización que se extendía en su mayor parte entre los ríos Tigris y Eufrates. Su gran sistema de canales de drenado, así como de regadíos propició el crecimiento de su población dando lugar a una gran cultura en el área extensa que se denominaría el Creciente fértil. Los sumerios denominaban Edin, (la morada de los justos) a la parte baja de Mesopotamia, que se convirtió en el fértil jardín que se suele identificar con el Edén de la Biblia. En la mitología sumeria, los annunaki eran unas antiguas deidades que regían el destino de los hombres y descendían de los dioses del cielo y la tierra.

La zona sur de Mesopotamia recibió el nombre de Sumeria y la más alejada de la de la llanura, próxima a la convergencia de los dos ríos, recibiría posteriormente el nombre de Akkad. Una de sus ciudades, llamada Babilu sería la famosa Babilonia. Tras el Diluvio Universal, las ciudades sumerias fueron reconstruidas y la más antigua de ellas se ha fechado en el 3,500 AC.

Aquí debemos hacer un inciso pues existen otras zonas de nuestro planeta como Göbekli Tepe en Turquía, así como Titahuanaco y Pumapunku en Bolivia cuya datación pasa de los 10 a 12 mil años y sus inmensas, extensas y monumentales ruinas demuestran que las civilizaciones que allí habitaron eran mucho más avanzadas de lo que la historia tradicional adjudica a ese periodo de la humanidad, y en algunos casos hasta poseían ya sus propias formas de escritura, las cuales tiene cierta semejanza con la escritura cuneiforme.

Göbekli Tepe es uno de los lugares arqueológicos más importantes del mundo. Está formado por una serie de monumentos megalíticos circulares y rectangulares dispuestos en forma de recintos superpuestos los unos a los otros, situado en un montículo en el suroeste de la península de Anatolia (la actual Turquía), un área perteneciente al antiguo Kurdistán y no lejos del Creciente fértil. Está considerado el conjunto de templos más antiguo del mundo.

Desde que fuera descubierto por el profesor alemán Klaus Schmidt en 1994, su construcción se ha atribuido a poblaciones de cazadores-recolectores de hace 11.500 años, aproximadamente 6.500 años anterior a la datación atribuida que las grandes pirámides de Egipto y muy anterior a Stonehenge.

La complejidad de sus construcciones, de su disposición y el tamaño de las piedras, especialmente las de forma de T, muchas de ellas de unas cinco toneladas de peso y más de veinte pies de altura, perfectamente cortadas y talladas, plantea el enorme enigma de como una sociedad supuestamente neolítica o mesolítica cuyos habitantes se consideraba debían haber sido pastores nómadas, habría podido levantar semejantes construcciones. Adicionalmente los pilares presentan figuras esculpidas, usualmente de animales o bajorrelieves con gran detalle y sentido de las proporciones, lo cual añade al misterio.

Hasta ahora, la mayoría de los investigadores ha argumentado que los recintos de Göbekli Tepe en el área principal de excavación se fueron construyendo con el tiempo y añadiéndose en capas superpuestas a través de los años quedando así los sucesivos templos enterrados hasta formar el montículo. Pero recientemente unos científicos israelíes descubrieron rasgos en el diseño geométrico de los impresionantes templos circulares que parecen indicar que todos los templos formaran parte de un mismo diseño inicial siguiendo un patrón geométrico coherente. Lo cual es imposible de concebir y demasiado avanzado para cazadores-recolectores del neolítico. Lo único que con certeza se puede afirmar es que los templos Göbekli Tepe serían la prueba de que una religión común se practicaba en aquella zona en tiempos remotos, pero nada conocemos acerca de la avanzada civilización que los construyó. Este y otros hallazgos arqueológicos obligarán a reescribir la historia de la Humanidad en un futuro no muy lejano.

Sigamos adentrándonos en El Génesis que nos habla de los Vigilantes o Nephilim, los cuales de acuerdo a la Lista de los Reyes habrían llegado hace unos 240,000 años.

La Lista de los Reyes es un registro de los reyes de Sumeria y sus reinados, y comienza con el principio de la historia "conocida". En tiempos remotos, "los reyes bajaron del cielo" y fundaron cinco ciudades en el llano de Mesopotamia.

Se interrumpe en tiempos del Diluvio (también llamado La Gran Inundación). La Lista de los Reyes cuenta que la "realeza descendió" otra vez a la tierra y continúa con la cronología de los reyes y la caída de sus reinados. Lo más característico de la Lista de los Reyes es la larguísima duración de los reinados de muchos de los primeros reyes previos al Diluvio Universal en lo cual coincide con la gran longevidad atribuida a los patriarcas vetero testamentarios en los textos bíblicos. Según la narración, ocho reyes rigieron cinco ciudades por un total de 241,200 años.

Sin duda causa enorme asombro la longevidad de estos Reyes, pero hay que aclarar que los sumerios usaban un sistema mixto de decimal y sexagesimal como refleja su mitología y su sistema de medida del tiempo no es equivalente al nuestro. Denominaban "shar" a un periodo de tiempo de una órbita planetaria identificada con el número 3,600. Pero esa órbita planetaria no es la terrestre. Permanece en el misterio la identidad de esa órbita, como llegó su conocimiento a los sumerios y de donde procedía.

También encontramos el curioso fenómeno de que los seres de la "realeza" descendida del cielo a la Tierra, no fueran calificados en aquel tiempo como dioses. Fue mucho más tarde cuando la idea de la existencia de seres divinos comenzó a formar parte de la conciencia colectiva. Los sumerios los denominaron con la palabra "ilu" (elevados), y de allí procedería luego la raíz semita "ili" de donde surge "Eli" en hebreo (la raíz de los Elohim de los que habla la Biblia).

Los Nephilim

Los Vigilantes o Nephilim mencionados en los mitos de la antigua Mesopotamia aparecen en el Libro del Génesis referido a los tiempos previos al Diluvio. Además, los encontramos también en los libros de Enoc, así como se les menciona en el Libro del Jubileo, las enseñanzas gnósticas, los pergaminos del Mar Muerto y la tradición oral judía, llamada el Haggadah.

Hay que reconocer que la mitología sumeria es la base de muchas historias del Antiguo Testamento y de otras escrituras sagradas de las civilizaciones del Oriente Medio y

Próximo como la acadia y asirio-babilónica y posteriormente de Palestina y Líbano. En todas ellas se narra el mito de la creación del hombre con intervención de seres superiores o de los llamados dioses-reyes, el Diluvio Universal al igual que otros mitos. Por supuesto, encontramos variaciones y derivaciones entre unos y otros textos sagrados pero la esencia del mito permanece. Las leyendas sumerias fueron compuestas hacia 2500 a. de C. mientras que las historias bíblicas basadas en ellas son muy posteriores, y datan del 800 a. de C. aproximadamente. La cultura hebrea no es original, sino que se alimenta de culturas mesopotámicas precedentes

Si nos remontamos a la Etimología, vemos que la lengua sumeria es de origen desconocido. El sumerio se fusionaría con la lengua de los acadios y más tarde a partir de ese sincretismo surgirían las lenguas semitas, entre ellas el hebreo. Hay que hacer un inciso para recordar que los antiguos personajes mencionados en la Biblia, tales como Abraham, no hablaban hebreo, porque no existía aún. Judaísmo e Islamismo son religiones descendientes del tronco común de Abraham, el cual no fue ni judío ni árabe, pues habitaba en la ciudad de Ur, en la antigua Mesopotamia. El padre de Abraham fue un alto sacerdote de Ur y por lo tanto dadas las circunstancias, lo más natural y lógico, habría sido que Abraham tuviera conocimiento de los mitos sumerios.

Se define como Pseudoepígrafa los textos de escrituras falsamente atribuidas a sus autores o cuyos autores los atribuyeron a autores del pasado, pero el término es utilizado hoy por los eruditos en el sentido de textos que han sido heredados. Los tres Libros de Enoc y El Libro del Jubileo son lecturas esenciales para quien en verdad desee profundizar en la Biblia. No solamente no se debe descartar la Pseudoepígrafa, sino que es absolutamente imprescindible su estudio para una comprensión de la Biblia.

Además de la creación de Adán y el Arca de Noé, hay otras leyendas tomadas por el Antiguo Testamento que parten de mitos previos de origen sumerio/ acadio. Ejemplo de ello es la historia del Santo Job que tiene su precedente en un poema de Babilonia acerca de un hombre de gran virtud a quien los dioses sometieron a toda clase de pruebas sin quebrantar su fe.

Del mismo modo el personaje de Jonás se encuentra en múltiples mitos de la antigüedad. Entre los antiguos persas un monstruo de las profundidades marinas se tragó a un héroe llamado Jamahid arrojándolo después con vida a una playa. Hércules es otro ejemplo de alguien que sobrevivió tras ser engullido por una ballena y, en las epopeyas hindúes, aparece una figura de nombre Saktedeva, superviviente después de haber sido devorado por un pez. Lo mismo podríamos decir del mito de Sansón, que se origina a partir de un dios de los cananeos.

Y podríamos así continuar enumerando multitud de paralelismos, pero vamos a centrarnos ahora en los Nephilim y el mito de Adán y Eva.

Nephilim, Reptilianos, Annunakis y Gigantes

Por toda la Tierra hay narraciones de restos de gigantes encontrados en enterramientos antiguos y leyendas mitológicas que hablan de los mismos. Los antiguos gigantes forman parte del acervo cultural de la humanidad, y en la Biblia se les menciona, no sólo en el conocido relato de David y el gigante Goliath, sino en otras porciones, sobre todo en lo que respecta a los enigmáticos Nephilim.

Como es bien sabido, hay dos escuelas de interpretación del Antiguo Testamento. La más antigua, la Elohística, que se refiere a la deidad genéricamente, y la Escuela Yahvística donde la deidad se llama Yahvé, (o Jehová) un dios personalizado. Ambas escuelas e interpretaciones coexisten en diferentes partes del Antiguo Testamento y por ese motivo el Génesis nos ofrece dos versiones de la Creación.

La palabra "Elohim" es plural en hebreo y puede significar unas veces "dios" y otras "dioses" o "seres divinos". En la Biblia, la deidad recibe a veces el nombre de "El" (Elohim en plural) en unas ocasiones y "Yahvé" en otras. Los redactores del Antiguo Testamento enfatizaron el monoteísmo, pero aparecen múltiples casos en que hacen referencia a una divinidad es plural.

Ya en tiempos de Moisés, aparece la palabra Yaveh, que pareciera haber sido añadida a posteriori por los sacerdotes escribas. Éxodo 3:14 *"Y respondió Dios a Moisés: YO SOY EL QUE SOY. Y dijo: Así dirás a los hijos de Israel: YO SOY me envió a vosotros."*.

La palabra Yahvé YHWH, significa "el que es". El tetragrama formado por estas cuatro consonantes (comúnmente pronunciado Yahvé) pasó a ser el nombre personal del Dios de Israel que se repite después a lo largo del Antiguo Testamento para designar a la divinidad. Para el judaísmo, el nombre de Dios es sagrado y mágico y, en consecuencia, impronunciable de la misma manera que en las antiguas tradiciones sumerias y babilónicas, para quienes los nombres auténticos de los dioses no eran conocidos.

El Antiguo Testamento menciona de forma muy críptica que ciertos dioses menores vinieron a la tierra mezclándose con los hombres. Este es el misterioso pasaje del capítulo sexto del Libro del Génesis:

1"Y acaeció que, cuando comenzaron los hombres a multiplicarse sobre la faz de la tierra, y les nacieron hijas,
2 viendo los hijos de Dios las hijas de los hombres que eran hermosas tomaron mujeres, escogiendo entre todas.
3 Y dijo el Señor: No contenderá mi espíritu con el hombre para siempre, porque ciertamente él es carne; mas serán sus días ciento veinte años.
4 Había gigantes en la tierra en aquellos días; y también después que entraron los hijos de Dios a las hijas de los hombres, y les engendraron hijos, éstos fueron los valientes, que desde la antigüedad fueron varones de nombre."

En las traducciones al griego de la Biblia se les denomina Grigori (del griego egregoroi, Observadores o Vigilantes), también llamados hijos de Elohim o hijos de Dios. En la mitología judía se les conoce como ángeles caídos y también se habla de ellos en textos apócrifos judíos. Los Grigori fueron seres que se aparearon con las "hijas del hombre" dando lugar a la aparición de una raza de semidioses conocida como los Nephilim (los Valientes).

Dios habría enviado a los Grigori para enseñar a la humanidad la verdad y la justicia y, por consiguiente, cuando desobedecieron, cayó sobre ellos el castigo divino por procrear con las mujeres de la Tierra y por enseñar a los hombres fabricar armas y a guerrear. Los Grigori habrían sido unos doscientos pero el Libro de Enoc sólo nombra a los más importantes.

El término "Nephilim" es uno de los más controversiales en la Biblia y de los menos conocidos del gran público. Hay varias interpretaciones, pero sólo vamos a mencionar dos de las más aceptadas. La palabra "Nephilim" podría derivar del hebreo NFL, que significa "caer". Este término ha hecho que algunos exégetas, identifiquen a los Nephilim con los ángeles caídos, en lugar de con una raza híbrida de gigantes engendrados por los hijos de Dios o ángeles con las hijas de los hombres. Pero existe otra interpretación de la misma palabra que en arameo y hebreo equivaldría a "nephilim" que se traduciría como "gigantes".

Los Nephilim descendieron a la tierra en dos grupos en tiempos diferentes: El primero descendió en los días de Jared en el Décimo Jubileo y posteriormente llegó el grupo postdiluviano, en tiempos de Noé. De esta segunda oleada habla el Libro de Números 13:33 y hallamos también referencias en el capítulo 2 de Deuteronomio. Asumiendo que los años de un jubileo son 50 años regulares, el periodo comprendido entre el descenso a la Tierra de las dos oleadas de Nephilim habría sido de unos 750 años. No queda determinado si el origen de estas dos oleadas de Nephilim era el mismo o si hubieran correspondido a seres diferentes.

Los descendientes de estos dos grupos separados de Nephilim fueron al norte de Palestina, al monte Harmon, como se describe en el Libro de los Jubileos, también conocido como el Testamento de Moisés.

En el Enuma Elish, la historia sumeria de la Creación, también se habla de un grupo de Nephilim que bajó a la Tierra para poblarla procreando con las hijas del hombre. Pictóricamente se ha representado a los ángeles como seres alados, como metáfora de su procedencia desde el cielo y por su habilidad de volar ya fuera por sus propios medios o por medios mecánicos. El concepto de Angeles y Asuras (demonios) surge en el panteón mitológico asirio-babilónico y de allí se extendió a religiones posteriores.

En las Escrituras Bíblicas Etíopes, se dice que los "Nephilim" son "Gentes bajadas del Cielo".

Recordemos nuevamente que los patriarcas bíblicos antediluvianos y los reyes sumerios fueron hombres muy grandes y de gran longevidad, y, por ello, podríamos especular si algunos de ellos pudieron haberse contado entre la raza de gigantes que habitó la Tierra. Los descendientes de los Nephilim que vivieron después del Diluvio Universal fueron también gigantes y se les llamó Rephaim o Reptilianos pero sus vidas se iban acortando al igual que su estatura y otras características a medida que sus genes se volvían más humanos y las características de la raza de gigantes se iban diluyendo en su código genético hasta desaparecer, producto de la procreación con las hembras de la raza de los hombres. En tiempos actuales hay quienes afirman que los Reptilianos procederían de la Estrella Tabi o Ajenjo mientras que la primera raza de Gigantes habría llegado a nuestro planeta de Alpha Centauro. Y aquí vale la pena mencionar que algunas teorías identifican a los Arcontes como surgidos de Sirius Beta.

Diosa Ashera, la esposa de Jehová

En todas las antiguas religiones, los dioses tenían una consorte o contraparte femenina. Sin embargo, en el hebraísmo, el Yaveh que ha llegado hasta nosotros a través de los relatos bíblicos, no aparece con una contrafigura femenina además de tener carácter totalmente monoteísta. Pero si indagamos en los textos antiguos de la Biblia encontramos la "ashera" que siempre se había pensado era un objeto sagrado, y en las traducciones de la Biblia se interpretaba como un poste de madera o un árbol.

Pero todo cambiaría en el siglo pasado. En 1928 un campesino árabe encontró casualmente la entrada a un cementerio en Ras Shamra, al norte de Siria. Los arqueólogos descubrieron que esa zona era nada menos que la antiquísima ciudad de Ugarit, puerto célebre de la antigüedad, en cuyas ruinas se hallaron bibliotecas con textos en tabletas de arcilla del siglo XIV antes de Cristo. En esos textos aparecía también "Ashera" o Asera pero identificada como la diosa madre de la antigua Canaan. En otras palabras, Ashera no era un objeto o un árbol, sino que era la divinidad femenina principal.

Abundando sobre esto, en 1967, en la antigua ciudad de Makeda a 50 kilómetros al sur de Jerusalén se hallaron unas tumbas con inscripciones en hebreo. Y allí la frase: "Urías el rico escribió esto: que Urías sea bendecido por Yahve, pues él lo ha librado de sus enemigos, por su Ashera".
Esta inscripción fue datada hacia 750 años antes de Cristo y su significado cambia toda la interpretación bíblica que había llegado hasta nosotros anteriormente relacionada con la figura de Yahve, dado que, en esa frase "por Yaveh y por su Ashera", estaban escritas en paralelo como dos divinidades del mismo nivel. Esto unido a los textos de

las tabletas de arcilla de Ugarit, significaba que la diosa madre de los cananeos, Ashera, recibía el mismo culto que Yaveh entre los hebreos en el siglo VIII antes de Cristo.

Adicionalmente en 1976, en la península del Sinaí se realizó otro descubrimiento arqueológico que corroboró aún más este hallazgo. En las ruinas de una antigua posada, se encontraron oraciones escritas con inscripciones hebreas del siglo VIII antes de Cristo aproximadamente también con la frase: "Yo los bendigo por Yahve de Samaria y por su Ashera".

En definitiva, la consecuencia de estos descubrimientos obligó a una revisión de los textos bíblicos y a replantearse, al menos aquellos con cierta apertura mental, que la palabra "ashera" (o asera), la cual aparece unas cuarenta veces en el texto hebreo de la Biblia, en realidad hace referencia al culto de la Diosa Madre, venerada junto a Yaveh. Hay múltiples ejemplos de ello en los Libros Primero y Segundo de Reyes (por ejemplo, cuando el Profeta Elías se enfrentó a los profetas de los dioses cananeos:

Reyes 1, 18:19 Envía, pues, ahora y congrégame a todo Israel en el monte Carmelo, y los cuatrocientos cincuenta profetas de Baal, y los cuatrocientos profetas de Ashera, que comen de la mesa de Jezabel.

El rey Ezequías trato de eliminar el culto a la diosa y nos dice el Segundo libro de los Reyes en su capítulo 18 que *"rompió la Ashera"*, es decir la imagen de la diosa. Pero luego su hijo Manasés restableció la imagen de Ashera y la colocó de nuevo en el Templo de Jerusalén. Por último, la diosa madre fue eliminada finalmente para siempre entre los hebreos en el siglo VII antes de Cristo en tiempos del Rey Josías, quien designó a Yaveh como único Dios. Al hacerlo, eliminó definitivamente el culto a Ashera, pasando a ser el hebraísmo una religión totalmente patriarcal y por ende, sus derivadas, el cristianismo y el islamismo, heredarían esa concepción de un Dios masculino patriarcal privado del aspecto femenino y de todo lo que ello conlleva.

El Mito de Adán, Eva y la serpiente: Adam Kadmon, Eva Arcana y Lillith

Entre algunas sectas antiguas gnósticas aparece el dios serpiente. Eva habría abierto a Adán a la vida y la serpiente antigua abrió a ambos al conocimiento. Pero según ciertas interpretaciones rabínicas de la Creación y el folclore hebreo, parcialmente ligado a la Cábala, pudiera haber existido un tercer ser previo a Eva creado también por Dios en el jardín del Edén. Se basan en la frase del Génesis: *"Dios creo varón y hembra los creó",* que tomada literalmente podría significar que Adán hubiera sido un ser andrógino (hombre y mujer) o bien, que Dios hubiera creado una hembra al mismo tiempo que a Adán. Este ser sería Lillith, la primera mujer de Adán, la cual se rebelaría negándose a yacer bajo él y que, tras ser obligada por él a someterse, Lillith habría pronunciado el nombre de Dios en vano y huyó del Edén hacia el Mar Rojo. Al huir se convertiría en un demonio que, al aparearse con múltiples demonios, engendró a una multitud de seres demoniacos tras negarse a regresar con Adán al Edén. Luego los ángeles de

Dios la castigarían con la muerte de cientos de sus hijos demoniacos y ella en venganza les respondió que mataría a los bebés de la descendencia de Adán en su nacimiento. Después de este episodio, se habría producido la creación de Eva a partir de una costilla (material genético) de Adán.

El mito equipara a Lillith con la serpiente bíblica que tentó a Eva haciéndola comer del fruto prohibido. Lo habría hecho tras haber copulado con el demonio, prestándole a éste su cuerpo de serpiente para que el demonio hablara a Eva a través de ella. Así se la ha representado en pinturas y bajorrelieves a través de los siglos.

Lillith tiene sus orígenes en los demonios de las antiguas tradiciones sumerias, acadias y asirio-babilónicas y aparece en la última parte del poema de Gilgamesh, siendo ella un espíritu de la noche o demonio, cuyo cuerpo es parte mujer y parte serpiente. En la Edad Media se la solía llamar Lamia, el monstruo demoniaco de la mitología griega.

Pero si profundizamos en el Génesis vemos que mucho antes de la creación del hombre, ya la serpiente habitaba en el jardín del Edén y ajustándonos a su descripción, la serpiente del Edén no era el reptil que identificamos ahora con ese nombre ya que era de mayor estatura que el hombre o la mujer y se comunicó verbalmente con Eva demostrando su sabiduría acerca del Árbol del Conocimiento del Bien y del Mal. Así lo describen las tradiciones judías en el Haggadah al igual que en su tradición oral: "semejante a un hombre y hablaba como hombre", un ser que caminaba sobre sus extremidades y alto como un camello, aparentemente superior en su intelectualidad al hombre. Y aun va más allá afirmando que, la función de la serpiente era proporcionar oro, metales y piedras preciosos a la divinidad. Resulta muy enigmática esta función y nos hace cuestionar cuál era la naturaleza de esa "divinidad" que precisaba de lo que consideramos ahora riquezas materiales.

La serpiente del Edén, por tanto, era capaz de trabajar la minería, y su superioridad intelectual al hombre resulta manifiesta a través de la narración del Génesis. Y esto nos hace pensar en otros seres envueltos en misterio: los Vigilantes o Nephilim que poblaron la Tierra en esos tiempos remotos de los que habla la Sagrada Escritura. ¿Están de alguno modo los Nephilim relacionados con la serpiente edénica? En la Septuaginta se usa la palabra "drakon" del griego, que significa serpiente, pero también puede interpretarse como un gran reptil u otra criatura similar. De ahí la palabra "dragón" en español que designa usualmente a una criatura mítica con alas, patas y que proyecta fuego por su boca. Y si buscamos una analogía en términos tecnológicos actuales sería algo parecido a una máquina o ente volador que lanzara llamas. Obviamente las criaturas aladas más conocidas de la mitología son los ángeles (con toda su amplísima gama de huestes celestiales) pero el mito nos habla de "los ángeles caídos".

La confusión entre dragón y serpiente condujo a representación artística posteriormente de criaturas mitológicas aladas, con piernas, y que además respiraban fuego.

En este contexto se produjo la creación del hombre. La Biblia no nos da una explicación clara del por qué, pero en tablillas sumerias y acadias encontramos una poderosa razón, especialmente en el poema épico de Atrahasis en tablillas de arcilla acadias, que contiene el relato de la Creación del hombre, así como del Diluvio Universal, siendo Atrahasis el precursor del Noé bíblico. Los Nephilim o hijos de los ángeles encontraron demasiado duras las tareas de minería y agricultura y pidieron al dios supremo aliviar sus trabajos. Y aquí comienza el proceso de creación del hombre en los mitos sumerios y de la antigua Mesopotamia, siendo el hombre en sus orígenes un ser secundario. El dios supremo Enki, el ingeniero, dirigió la construcción de las ciudades y la minería. La finalidad de la creación del hombre, por tanto, habría sido la de servir a los Nephilim realizando los trabajos más duros que éstos rechazaban.

Los mitos sumerios narran en detalle el proceso seguido por los dioses para llegar a la decisión de crear un hombre, partiendo de la incapacidad de los Nephilim para mantener el ganado y el grano, en tiempos de sequía, pues desconocían la agricultura y en consecuencia tuvieron dificultades para obtener su alimentación. Así se crearon dos diosas: Ashnan, diosa de los granos, que les enseñaría a producir alimentos y la diosa Lahar de los ganados, la cual les instruiría en la ganadería. Pero ante la incapacidad de los Vigilantes o Nephilim para realizar estos trabajos los dioses optaron por "darle respiración al hombre" creando la nueva criatura a partir de arcilla mezclada con la carne y sangre del dios Aw-ilu "que tenía inspiración", tras varios intentos fracasados pues según describe el poema acadio de Atrahasis, tomaron embriones de úteros y "catorce matrices" fueron impregnadas con la "esencia" de los dioses, creándose primero siete varones y siete hembras. Pero como estos varones y hembras no podían reproducirse entre sí, entonces fue cuando la esencia de los dioses impregnó a estos seres y así se creó el ser humano capaz de procrear en su propia especie. Posteriormente el hombre al procrear dentro de su propia especie fue perdiendo paulatinamente su "divinidad" y tornándose más humano. Esto se describe como la caída del hombre y la explicación de su naturaleza pecadora.

Decía San Jeremías que El Génesis, el más oscuro y difícil de entender de los libros sagrados, "tiene tantos secretos como palabras, y cada palabra esconde otras."

El primer Libro de Enoc explica en detalle la labor de los Nephilim. Solamente la iglesia etíope lo considera libro canónico. Fue escrito en hebreo y arameo, posteriormente se tradujo al griego y más tarde al etíope. La Iglesia Etíope lo conservó y algunas porciones aparecen en los Manuscritos del Mar Muerto.

Según narra el Libro Primero de Enoc, a los Nephilim les fue asignado enseñar la artesanía y el arte a los hombres. Esto derivó en el arte del combate y las armas, así como conjuros, alquimia, y astrología. Además, reimplantaron embriones de una matriz a otra, lo cual es muy parecido al mito sumerio y acadio acerca de la creación del hombre.
Y en el Tercer Libro de Enoc los ángeles recuerdan a Dios que "le dieron un buen consejo cuando le dijeron que no creara al hombre".
En cuanto a Noé, del cual se habla en el Génesis, el llamado Libro de Noé no

aparece en las listas de los apócrifos. El Libro de Enoc y el Libro de los Jubileos se refieren a él, así como también fragmentos de los rollos del Mar Muerto. El Libro de los Jubileos se refiere a Noé y dice que las artes de la curación le fueron enseñadas por un ángel para que sus hijos pudieran superar a "los hijos de los Vigilantes".

Por otra parte, el Haggadah, afirma que la piel de Adán y Eva era "dura", que " cubría su cuerpo como una ropa luminosa." Pero el Génesis dice que Adán y Eva no usaban ropa ni tapaban sus cuerpos y recordemos que a raíz de cometer el pecado original parte de su castigo fue:

"Te ganarás el pan con el sudor de tu frente, hasta que vuelvas a la misma tierra de la cual fuiste sacado. Porque polvo eres, y al polvo volverás»" Génesis 3:19

Adán y Eva solo tuvieron hijos después de ser expulsados del Edén, no antes, con lo cual hallamos una cierta similitud con el mito de la creación sumerio y acadio en que los primeros varones y hembras eran incapaces de procrear entre sí.

En Teología se conoce como la caída del hombre a la desobediencia de la prohibición de comer de la fruta del Árbol del Conocimiento del Bien y del Mal. A lo largo de la Biblia el término conocer se aplica en diferentes ocasiones al conocimiento sexual, es decir, tener relaciones sexuales.

"*15 Entonces el Señor Dios tomó al hombre y lo puso en el huerto del Edén, para que lo cultivara y lo cuidara.*
16 Y ordenó el Señor Dios al hombre, diciendo: De todo árbol del huerto podrás comer,
17 pero del árbol del conocimiento del bien y del mal no comerás, porque el día que de él comas, ciertamente morirás." Génesis 2: 15-17

Después de comer del fruto prohibido dice la Biblia que "entonces los ojos de ambos se abrieron y descubrieron que estaban desnudos". Y la serpiente del Edén fue condenada por Dios a arrastrarse sobre la Tierra.

En el Edén estaba también el Árbol de la vida o de la inmortalidad, que no estaba prohibido al hombre. Entre las culturas de la

antigüedad, la serpiente se asociaba a la inmortalidad pues se pensaba que al desechar su piel y renovarla, prolongaba su vida. "La serpiente era la más astuta de todas las bestias salvajes que Dios había hecho".
En hebreo la criatura que tentó a Eva en el jardín del Edén se denomina "nahash" que quiere decir "el que resuelve secretos".

El Haggadah nos dice que:" Adán y Eva se volvieron desnudos". Algo muy curioso es el color de la piel de Adán que, según el Haggadah, Adán fue creado de polvo tomado de las cuatro esquinas del mundo: "Polvo de varios colores: rojo, negro, blanco, y verde. rojo para la sangre, negro para los intestinos, blanco para los huesos, y verde para la piel pálida."

Antes, sus cuerpos estaban cubiertos con una piel dura y envueltos con la nube de la gloria. Tras faltar al mandato divino perdieron la nube de la gloria y la dureza de su piel y "quedaron desnudos y avergonzados." Y ciertos escritos rabínicos dicen incluso que la estatura de Adán se redujo tras este evento.

Y dice el Génesis que "hizo ropas de pieles para el hombre y su esposa, y los arropó", mas el Haggadah explica que las ropas fueron hechas de serpientes que mudaron su piel.

El Haggadah afirma que Dios mandó a la serpiente a partir de entonces arrastrarse sobre la tierra y que: "sus manos y pies fueron cortados", lo cual confirma la idea de que la serpiente del Edén era una ser muy diferente de lo que ahora entendemos por serpiente. Y dado que la serpiente en tiempos bíblicos se relacionaba con el conocimiento y la vida eterna, no fue sino hasta mucho más tarde, con el Cristianismo, que fue asociada con la idea del mal.

En el famoso poema de Gilgamesh, el héroe mitológico de la antigua Mesopotamia, aparecen múltiples esfuerzos de sus personajes por alcanzar la inmortalidad. Al héroe Gilgamesh se le impide un viaje al cielo con el intento de pedir a los dioses que le concedan la longevidad. Pasa por grandes vicisitudes por ver a su abuelo Utnapishtim y por último cuando al fin consigue una planta de poderes mágicos que alarga la vida, la pierde porque una serpiente se la arrebata.

Utnapishtim obtuvo la inmortalidad según narra el poema del Gilgamesh. Asimismo, el Enoc bíblico es inmortal, descrito con estas hermosas y poderosas palabras de Génesis 5:24: *"Caminó, pues, Enoc con Dios, y desapareció, porque se lo llevó Dios".*

"Y Jehová dijo a Moisés: Hazte una serpiente ardiente, y ponla sobre una asta; y cualquiera que fuere mordido y mirare a ella, vivirá. Y Moisés hizo una serpiente de bronce, y la puso sobre un asta; y cuando alguna serpiente mordía a alguno, miraba a la serpiente de bronce, y vivía". (Números 21:8-9).

De alguna manera, el deshacerse de la piel en la serpiente, tiene cierto grado de asociación con el rito hebreo de la circuncisión. En el pacto entre Abraham y Dios, este le dice:
"Circuncidarás la carne de tu prepucio, y ésa será la marca de alianza entre tu y yo."
El rito de la circuncisión por tanto es recordatorio de que los orígenes del hombre están en sus creadores y que al igual que la

serpiente prolonga su vida al deshacerse de su piel, el hombre salva la suya al cortar la piel del prepucio de los varones cumpliendo el pacto con la divinidad.

Por último, hemos de hacer mención de como en ciertas culturas las serpientes se asocian con lo curativo y el mejor ejemplo de ello es el caduceo de Mercurio. En nuestro continente americano, el Chilam Balam de la antigua cultura maya se refiere a los habitantes de Yucatán eran llamados Chanes o "Gente serpiente" llegados de las aguas del Este guiados por Itzamna, la "Serpiente del Este", capaz de resucitar a los muertos. En lengua Nahuatl se traduce por la "Serpiente Emplumada" al dios Quetzalcoatl, la serpiente alada de los aztecas.

Iniciación Sacerdotal

CAPITULO 3: EL LIBRO DEL APOCALIPSIS DESCIFRADO

Armagedón

La palabra hebrea Armagedón quiere decir Monte Megiddo (Har Mageddon). Este monte se encuentra en el creciente fértil, al noroeste del Mar Muerto. La Biblia se refiere a la batalla de Armagedón como la lucha entre el Bien y el Mal que se produciría después de que Satanás hubiera estado sujeto durante mil años y al soltarse, engañaría a las naciones de Gog y Magog, con un gran ejército y atacaría a Israel (el pueblo de Dios) poniendo sitio a Jerusalén. Solo Dios podrá entonces salvar a su pueblo escogido.
Desde otro punto de vista, Armagedón podría estar asociado con el Monte Carmelo, lugar de la batalla entre Elías y los profetas de Baal. Mientras, otros sostienen

que Jeremías 46:10 estaría relacionado con el Armagedón y la batalla final:

"10 Mas ese día será para Jehová Dios de los ejércitos día de retribución, para vengarse de sus enemigos; y la espada devorará y se saciará, y se embriagará de la sangre de ellos; porque sacrificio será para Jehová Dios de los ejércitos, en tierra del norte junto al río Eufrates."

Dentro de las diferentes sectas cristianas, desde el catolicismo romanista pasando por el protestantismo, hay diversas interpretaciones. Por ejemplo, para los Adventistas del Séptimo Día el Armagedón sería la última batalla durante la sexta plaga, que antecede a la Segunda Venida de Cristo, que da comienzo al milenio durante el cual los que murieron en Cristo reinarán con él en el Cielo como narra el Apocalipsis, coincidiendo también con el Rapto de los creyentes vivos que serán elevados al cielo para reinar también con Cristo y al fin de ese milenio Cristo vencerá a Satanás y reinará para siempre.
En conclusión, tres de las grandes religiones, judíos cristianos e islámicos, coinciden en que Armagedón sería la

batalla del final de los tiempos, las fuerzas del Bien, en contra Satanás y el Mal.

El Armagedón en la Biblia

Y al tiempo del fin, el rey del sur se enfrentará con él, y el rey del norte lo atacará con carros, jinetes y con numerosas naves; entrará en sus tierras, invadirá y pasará. Daniel 11:40

Reuniré a todas las naciones, y las haré bajar al valle de Josafat. Y allí entraré en juicio con ellas a favor de mi pueblo y mi heredad, Israel, a quien ellas esparcieron entre las naciones, y repartieron mi tierra. Joel 3:2

Despiértense y suban las naciones al valle de Josafat, porque allí me sentaré a juzgar a todas las naciones de alrededor. Meted la hoz, que la mies está madura; venid, pisad, que el lagar está lleno; las tinajas rebosan, porque grande es su maldad. Multitudes, multitudes en el valle de la decisión. Porque cerca está el día del Señor en el valle de la decisión. Joel 3:12-14

Vinieron los reyes y pelearon; pelearon entonces los reyes de Canaán en Taanac, junto a las aguas de Meguido; no tomaron despojos de plata. Jueces 5:19

Por tanto, esperadme --declara el Señor-- hasta el día en que me levante como testigo, porque mi decisión es reunir a las naciones, juntar a los reinos, para derramar sobre ellos mi indignación, todo el ardor de mi ira; porque por el fuego de mi celo toda la tierra será consumida. Sofonías 3:8

Y yo reuniré a todas las naciones en batalla contra Jerusalén; y será tomada la ciudad y serán saqueadas las casas y violadas las mujeres; la mitad de la ciudad será desterrada, pero el resto del pueblo no será cortado de la ciudad. Zacarías 14:2

Y estando El sentado en el monte de los Olivos, se le acercaron los discípulos en privado, diciendo: Dinos, ¿cuándo sucederá esto, y cuál será la señal de tu venida y de la consumación de este siglo? Mateo 24:3

Porque se levantará nación contra nación, y reino contra reino, y en diferentes lugares habrá hambre y terremotos. Mateo 24:7

Y si aquellos días no fueran acortados, nadie se salvaría; pero por causa de los escogidos, aquellos días serán acortados. Mateo 24:22

Pero inmediatamente después de la tribulación de esos días, el sol se oscurecerá, la luna no dará su luz, las estrellas caerán del cielo y las potencias de los cielos serán sacudidas. Entonces aparecerá en el cielo la señal del Hijo del Hombre; y entonces todas las tribus de la tierra harán duelo, y verán al Hijo del Hombre que viene sobre las nubes del Cielo con poder y gran gloria. Y El enviará a sus ángeles con una gran trompeta y reunirán a sus escogidos de los cuatro vientos, desde un extremo de los cielos hasta el otro. Mateo 24:29-31

El sexto ángel tocó la trompeta, y oí una voz que salía de los cuatro cuernos del altar de oro que está delante de Dios, y decía al sexto ángel que tenía la trompeta: Suelta a los cuatro ángeles que están atados junto al gran río Éufrates. Y fueron desatados los cuatro ángeles que habían sido preparados para la hora, el día, el mes y el año, para matar a la tercera parte de la humanidad. Apocalipsis 9:13-21

Y el número de los ejércitos de los jinetes era de doscientos millones; yo escuché su número. Apocalipsis 9:16

Y fue arrojado el gran dragón, la serpiente antigua que se llama el diablo y Satanás, el cual engaña al mundo entero; fue arrojado a la tierra y sus ángeles fueron arrojados con él. Apocalipsis 12:9

Y adoraron al dragón, porque había dado autoridad a la bestia; y adoraron a la bestia, diciendo: ¿Quién es semejante a la bestia, y quién puede luchar contra ella? Apocalipsis 13:4

Se le concedió dar aliento a la imagen de la bestia, para que la imagen de la bestia también hablara e hiciera dar muerte a todos los que no adoran la imagen de la bestia. Apocalipsis 13:15

Y el lagar fue pisado fuera de la ciudad, y del lagar salió sangre que subió hasta los frenos de los caballos por una distancia como de trescientos veinte kilómetros. Apocalipsis 14:20

El sexto ángel derramó su copa sobre el gran río Éufrates; y sus aguas se secaron para que fuera preparado el camino para los reyes del oriente. Y de la boca del dragón, de la boca de la bestia y de la boca del falso profeta, a tres espíritus inmundos semejantes a ranas; pues son espíritus de demonios que hacen señales, los cuales van a los reyes de todo el mundo, a reunirlos para la batalla del gran día del Dios Todopoderoso. Apocalipsis 16:12-16

Pues son espíritus de demonios que hacen señales, los cuales van a los reyes de todo el mundo, a reunirlos para la batalla del gran día del Dios Todopoderoso. He aquí, yo vengo como ladrón. Bienaventurado el que vela y guarda sus ropas, para que no ande desnudo y vean su vergüenza. Y los reunió en el lugar que en hebreo se llama Armagedón. Apocalipsis 16:14-16

Y sobre su frente un nombre escrito, un misterio: Babilonia la Grande, la madre de las rameras y de las abominaciones de la Tierra. Libro del Apocalipsis 17:5

Estos pelearán contra el Cordero, y el Cordero los vencerá, porque El es Señor de señores y Rey de reyes, y los que están con El llamados, escogidos y fieles. Apocalipsis 17:14

Y vi el cielo abierto, y he aquí, un caballo blanco; el que lo montaba se llama Fiel y Verdadero, y con justicia juzga y hace la guerra. Sus ojos, llama de fuego son, y encima de su cabeza hay muchas diademas, y tiene un nombre escrito que nadie conoce sino El. Y viste un manto empapado en sangre, y su nombre es: El Verbo de Dios. Apocalipsis 19:11-13

De su boca sale una espada afilada para herir con ella a las naciones, y regirá con vara de hierro; y El pisa el lagar del vino del furor de la ira de Dios Todopoderoso. Apocalipsis 19:15

Entonces vi a la bestia, a los reyes de la tierra y a sus ejércitos reunidos para hacer guerra contra el que iba montado en el caballo y contra su ejército. Y la bestia fue apresada, y con ella el falso profeta que hacía señales en su presencia, con las cuales engañaba a los que habían recibido la marca de la bestia y a los que adoraban su imagen; los dos fueron arrojados vivos al lago de fuego que arde con azufre. Y los demás fueron muertos con la espada que salía de la boca del que montaba el caballo, y todas las aves se saciaron de sus carnes. Apocalipsis 19:19-21

Y vi a un ángel que descendía del cielo, con la llave del abismo y una gran cadena en su mano. Prendió al dragón, la serpiente antigua, que es el Diablo y Satanás, y lo ató por mil años; y lo arrojó al abismo, y lo cerró y lo selló sobre él, para que no engañara más a las naciones, hasta que se cumplieran los mil años; después de esto debe ser desatado por un poco de tiempo. Apocalipsis 20:1-3

Y vi un cielo nuevo y una tierra nueva, porque el primer cielo y la primera tierra pasaron, y el mar ya no existe. Apocalipsis 21:1

Iniciación Sacerdotal

CAPITULO 4: EL IDEALISMO FILOSOFICO DEL OBISPO BERKELEY

Ciencia y Religión. Materialismo versus Idealismo

"Cogito ergo sum" (pienso, luego existo) dijo Descartes. Este gran pensador francés afirmaba que el conocimiento es innato. Dudar de todo por principio y, al dudar, tomar conciencia de la propia existencia. Descartes parte de la idea de que el hombre es un ser imperfecto, pero puede concebir la idea de un Ser Perfecto al cual las religiones identifican con Dios. El razonamiento de Descartes es: Un ser imperfecto no puede haber creado algo perfecto, por tanto, la idea humana de la perfección procede del propio Dios. Con este razonamiento que parte de la duda metodológica, Descartes llega hasta Dios.

El idealismo fue más allá, afirmando la prevalencia del pensamiento sobre la materia. Su mejor expresión es la manifestación de la religiosidad puesto que Dios es Espíritu y a la vez, el Creador de todo lo que existe, Creador de la materia.

Como contrapunto a la religiosidad, la ciencia busca una explicación y un sentido a los fenómenos eliminando la idea de la Creación y prescindiendo de la intervención divina, pero el materialismo ateo va mucho más allá negando la existencia de Dios.

El agnosticismo es por ende la contradicción con el gnosticismo que plantea el conocimiento transcendental que viene y lleva al hombre buscador de la Verdad, hasta el pináculo donde comienza la experiencia de universalidad con el Creador del Universo, el mismo Dios.

Uno de los mejores exponentes del debate filosófico contra el ateísmo fue George Berkeley, Obispo de Cloyne, perteneciente a la Iglesia Episcopal de Irlanda. Está considerado el padre del idealismo moderno, e utilizó de la negación de la existencia de la materia como principal argumento contra el materialismo.

Ha habido también grandes pensadores dentro de la corriente filosófica materialista, entre ellos Diderot, y posteriormente el marxismo con Marx y Engels. Diderot llegó a definir el sistema de Berkeley como "un sistema que, para vergüenza del espíritu humano y de la filosofía, es el más difícil de combatir, aunque fuera el más absurdo de todos." Así lo manifiesta Lenin en su obra Materialismo y Empirocriticismo.

Mas que curioso es que Vladimir Ilich Ulianov Lenin, antagonista en su filosofía, fuera capaz de reconocer el valor de los postulados del obispo Berkeley, admitiendo que "los filósofos idealistas más modernos no han producido contra los materialistas ningún argumento que no pueda encontrarse más esclarecido en el obispo Berkeley".

Dos de las principales obras de Berkeley son "Ensayo de una nueva teoría de la visión" y el "Tratado sobre los principios del conocimiento humano".

Berkeley no niega la existencia de lo material en el plano objetivo, pero considera que nuestras sensaciones y los objetos no son más que una sola y misma cosa. Por tanto, nuestra concepción del mundo es subjetiva y está condicionada por nuestros sentidos las forma que adopta nuestra percepción. En conclusión, existen tal como lo percibimos sólo en nuestro espíritu y nuestra mente de forma que únicamente conocemos nuestra idea del mundo material pero no el mundo material en sí mismo.

Obviamente estamos ante un sofisma dado que tras demostrar que las cualidades de las cosas no son tales como las muestran nuestros sentidos, lleva el razonamiento al extremo de que la realidad material solo exista en nuestra percepción.

La forma en que se ha rebatido es llevando este razonamiento al extremo con lo cual, si la humanidad y los seres vivos (al igual que el mundo material) son conocidos por mí a través de mis ideas exclusivamente, la última consecuencia es que yo soy el único que existe. Por tanto, la reducción al absurdo lleva al solipsismo.

Al cuestionar la realidad material, la filosofía de Berkeley promovía el empiricismo, la observación y el análisis del mundo material. De una u otra forma todas las variantes de la filosofía idealista posteriores se basan en los argumentos de Berkeley. Ni siquiera en nuestros tiempos el filósofo Herbert Marcuse, el más destacado de los marxistas heterodoxos, ha podido superar a Berkeley.

El idealismo inmaterial de Berkeley es la base para el desarrollo posterior realizado por dos grandes filósofos: el inglés Hume (1711-1776) y el alemán Emmanuel Kant (1724-1804). Ambos buscaron conciliar idealismo con materialismo.

Emmanuel Kant unificó racionalismo y empirismo mediante el análisis previo, aunando razón y experiencia en el espacio-tiempo creando con sus "categorías filosóficas" un marco de pensamiento que incluye la base moral. Es otra forma de relativismo que marcó profundamente toda la filosofía posterior. "Idealismo trascendental" es como Kant definió su filosofía centrada en que el conocimiento del ser humano sólo llega a los fenómenos y no a los noúmenos, siendo limitado y personal por definición dado que la experiencia subjetiva del ser humano acerca del objeto influye sobre ese objeto.

Su obra "Crítica de la razón pura" afirmaba la imposibilidad de concebir la metafísica como ciencia, así como los temas de los que ésta se ocupa incluyendo la inmortalidad del alma y Dios. Kant no niega ni la existencia de Dios ni la inmortalidad del alma. Solamente afirma que no son cognoscibles por la razón teórica, pero se imponen por la razón práctica como postulados indemostrables que son imprescindibles para la moral. Para Kant la existencia de Dios es necesaria como un ente en quien "ser" y "deber ser" se unen creando la perfección.

Una "Crítica de la Crítica Crítica" como escribiera Federico Engels y desarrollada por Roger Garaudi en su libro "Dios ha muerto" que presenta un ensayo sobre este sofisma académico de Hegel, no consiguió eclipsar las tesis idealistas de la escuela de Berkeley.

TERCERA PARTE: EL MISTERIO DE LA CRISTA MISTICA

Iniciación Sacerdotal

CAPITULO I: MARIA MAGDALENA

Apostola Apostolorum

Por acuerdo de la Congregación Pontificia para el Culto Divino y por deseo del Papa Francisco, desde Junio del año 2016, Santa María Magdalena fue incorporada al calendario romano, asignándole la fiesta litúrgica del 22 de Julio. En su momento, el Vaticano dijo que la finalidad era "ensalzar la importancia de esta mujer que mostró un gran amor a Cristo y que fue amada por Cristo, y para resaltar la especial misión de esta mujer, ejemplo y modelo para toda mujer en la Iglesia". Fue designada como Apostola Apostolorum "La Apóstol de los Apóstoles".

Como es característico de la Iglesia Católica Romana, aquel personaje al que por siglos señalaron como puta, fue elevada a la categoría de santidad de un plumazo, en un intento de reparar la flagrante injusticia cometida con ella en la tergiversación de las Escrituras Sagradas y de la Historia del Cristianismo Primitivo.

Dinastía Merovingia

La llamada Biblioteca de Nag Hammadi es una colección de códices gnósticos y cristianos en papiros hallados en 1945 en el Alto Egipto, en las cercanías de la localidad de Nag Hammadi en unas jarras selladas. Después de los hallazgos de Qumran, en el Mar Muerto, Nag Hammadi ha marcado otro hito significativo en la comprensión del cristianismo primitivo y del Gnosticismo.

La traducción de la biblioteca Nag Hammadi, se completó inicialmente en la década de 1970. Está formada por una colección de trece libros antiguos llamados "códices" que contienen más de cincuenta textos en lengua copta, con gran cantidad de "Evangelios gnósticos" primarios, textos que alguna vez se pensó que habían desaparecido por completo, destruidos durante los tiempos tempranos del

Cristianismo, como el Evangelio de Tomás y el Evangelio de Felipe.

El Evangelio de María forma parte del Códice Gnóstico de Berlín, descubierto a fines del siglo XIX en el Alto Egipto, y adquirido en El Cairo en 1896 por un erudito alemán, el Dr. Carl Reinhardt, quien lo llevó a Berlín. El Códice contiene traducciones coptas de tres importantes textos gnósticos primitivos: la Sophia de Jesucristo, el Evangelio de María y el Apócrifo de Juan.

Al compararse este Códice con la gran colección de escritos gnósticos descubiertos en Nag Hammadi se comprobó que el Apócrifo de Juan y la Sophia de Jesucristo se encontraban también en la colección de Nag Hammadi. Y aún mayor importancia reviste el hecho de que el códice conserva el fragmento más completo del Evangelio de María, que no es otra sino María de Magdala.

Pero ahí no terminan los hallazgos. En el año 2020 una investigadora de la Universidad de Harvard ha hecho públicos fragmentos de un papiro del siglo IV originario de Siria o Egipto y cuya autenticidad ha sido verificada, que incluye el siguiente texto: *"Jesús les dijo, mi esposa..."*. Estas pocas palabras hacen que nos replanteemos la imagen de Jesús que se nos ha presentado. Por más de dos milenios el cristianismo "oficial" encabezado por la Iglesia Católica Romana nunca ha hablado de que Jesús fuera casado y ha mantenido la prohibición del sacerdocio a hombres casados (salvo excepciones) y a mujeres.

Se piensa que este texto forma parte de un Evangelio perdido, al cual se ha denominado "Evangelio de la esposa de Jesús", que fue probablemente escrito en griego en la segunda mitad del siglo II y posteriormente traducido al copto.

De acuerdo a las hipótesis sobre el Santo Grial o Cáliz en que Jesús habría bebido en la Ultima Cena durante la institución del Sacramento de la Eucaristía, el Santo Grial podría ser además, la Sangre Real (en francés, la Sang Real), es decir, la descendencia de Jesús y María Magdalena. Además, si aceptamos la idea de que María Magdalena hubiera sido la consorte de Jesús, el vientre de María Magdalena habría sido en un sentido amplio y metafórico, el recipiente en que se concibieron los hijos de Jesús. El Santo Grial sería literalmente la metáfora del receptáculo a donde llegó la sangre de Jesús.

Si Jesús descendía del Rey David como en algún momento dice la Biblia, sus descendientes serían legítimos reyes de la Casa de David. Leyendas francesas afirman que María Magdalena llegó a las costas francesas estando embarazada de Jesús y se estableció en el sureste francés. Sus descendientes crecieron y se expandieron por la región, gobernándola durante siglos hasta que en un momento dado se unió la dinastía de Jesús a la dinastía de los reyes merovingios de modo que los descendientes de Jesús serían también legítimos herederos del Trono de Francia.

Un rey merovingio, Dagoberto II, en el siglo VII, habitaba en la zona del Languedoc, y tras ser asesinado, toda la familia real, habría sido también asesinada. Pero hay leyendas que afirman que el hijo de Dagoberto II, Sigisberto IV, al que se llamó el "retoño ardiente" habría sobrevivido oculto en Rennes le Château y por tanto él y sus descendientes serían los legítimos herederos al trono de Francia. Cátaros y templarios contribuyeron a fortalecer este mito. En resumen, el linaje merovingio que en realidad no habría sido totalmente aniquilado y procedería a través de los judíos del linaje de Jesús, sería el único con derecho al Trono francés.

"Noli me tangere" ("Aún no me toques")

Llama la atención en el relato acerca del encuentro de María Magdalena con Jesús tras la Resurrección. Pareciera denotar intimidad el que Jesús le advierta "Noli me tangere" (Aún no me toques), a lo que el autor agrega que ya que Jesús iba al Seno del Padre, le quiso decir: "me tocas después".

Vemos en el Evangelio de Juan:

11 Pero María estaba fuera llorando junto al sepulcro; y mientras lloraba, se inclinó para mirar dentro del sepulcro;
12 y vio a dos ángeles con vestiduras blancas, que estaban sentados el uno a la cabecera, y el otro a los pies, donde el cuerpo de Jesús había sido puesto.

13 Y le dijeron: Mujer, ¿por qué lloras? Les dijo: Porque se han llevado a mi Señor, y no sé dónde le han puesto.
14 Cuando había dicho esto, se volvió, y vio a Jesús que estaba allí; mas no sabía que era Jesús.
15 Jesús le dijo: Mujer, ¿por qué lloras? ¿A quién buscas? Ella, pensando que era el hortelano, le dijo: Señor, si tú lo has llevado, dime dónde lo has puesto, y yo lo llevaré.
16 Jesús le dijo: ¡¡María! Volviéndose ella, le dijo: ¡¡Raboni! (que quiere decir, Maestro).
17 Jesús le dijo: No me toques, porque aún no he subido a mi Padre; mas ve a mis hermanos, y diles: Subo a mi Padre y a vuestro Padre, a mi Dios y a vuestro Dios.
18 Fue entonces María Magdalena para dar a los discípulos las nuevas de que había visto al Señor, y que él le había dicho estas cosas. Juan 20: 11-20

Volviendo al Evangelio de María Magdalena, este parece indicar que después de la muerte y resurrección de Jesús de Nazareth, María Magdalena mantuvo buena relación con los apóstoles, excepto con Pedro quien en diferentes porciones del texto la cuestionaba abiertamente. María Magdalena acabaría huyendo de Palestina para evitar la persecución de que eran objeto los seguidores del Maestro Jesús, por parte de los romanos.

Según las leyendas francesas, María Magdalena viajó a través del Mediterráneo en una embarcación sin remos, ni velas ni timón y arribó a la isla de Ratis en la costa francesa, donde se encontraba un templo dedicado a la diosa Madre. De allí fue a Saintes Maries de la Mer, donde finalmente desembarcó, junto con José de Arimatea. Las leyendas los presentan acompañados de otros personajes bíblicos, tales como Salomé, madre de Juan, María de Betania, Maximino y hasta Lázaro. La denominación de la población es en plural Saintes Maries de la Mer (Santas Marías del Mar) porque allí llegaron juntas en la embarcación tres marías: María Magdalena, María Salomé y María de Betania (otras versiones dicen que María de Cleofás y también que la Magdalena podría haber sido la hermana de Lázaro y Marta). Con ellas llegó una niña de tez oscura llamada Sara, un nombre que significa "princesa" en hebreo. Sara sería el nombre de la hija de María Magdalena y Jesús. La Gnosis va más allá y atribuye a Jesús adicionalmente dos hijos varones llamados Amador y Emineo.

Posteriormente en su afán evangelizador, las Marías tomaron caminos diferentes. María de Magdala (La Magdalena) se fue a Provenza, extendiendo el Cristianismo a sus habitantes que siglos más tarde, derivarían en la secta de los cátaros, víctimas de la primera cruzada por ser considerados herejes. El catarismo era esencialmente una creencia en un Dios dual, que negaba la divinidad de Cristo reconociendo su relación amorosa con María Magdalena.

La leyenda afirma que María Magdalena conoció en Francia a un príncipe y a su esposa reacios a la conversión al cristianismo. María Magdalena resucitó a la princesa y a su hijo cuando ya se les había dado por muertos, lo cual redundó en la conversión al cristianismo de todos los habitantes del área, incluida la nobleza.
María Magdalena pasaría a vivir una vida de ermitaña durante los últimos 30 años de su existencia en una caverna ocupada por un

dragón de quien fue salvada gracias a la intervención del arcángel San Miguel. Allí vivió meditando y rezando, alimentada diariamente por ángeles. Tras esta vida de santidad, cuando le llegó la muerte, los ángeles la ascendieron al cielo.

La cueva donde la Magdalena vivió durante tres décadas está ligada al antiguo culto de la Diosa Madre. En la Sainte-Baume se sitúa la época de penitente de la Magdalena y allí el Obispo Maximino la asistió en el momento de su muerte. La cripta de la Basílica de Santa María Magdalena en Sainte- Baume conserva un sarcófago y un relicario donde se dice estarían sus restos.

Por su parte las otras dos Marías permanecieron en Saintes Maries de la Mer junto con Sara, que posteriormente sería la patrona de esta ciudad y patrona también de los gitanos, los cuales cada año sacan en procesión la estatua de Sara, la niña de tez oscura.

En toda Francia existen multitud de iglesias dedicadas a María Magdalena. Sin embargo, esta no es la única versión de la historia, pues hay otras tradiciones que afirman que fue a la India, a Cachemira, y otra la sitúa en Éfeso y hasta con José de Arimatea en las Islas Británicas.

Significado de Rabino

"Rabino" es una palabra hebrea que significa " maestro". En el Antiguo Testamento hacía referencia al Sacerdote o "Maestro". A Jesús se le llama múltiples veces en el Nuevo Testamento "el rabí de Galilea" pero en una ocasión María Magdalena se dirige a él diciéndole "raboni" que tiene el mismo significado en arameo:

Jesús le dijo: !!María! Volviéndose ella, le dijo: !!Raboni! (que quiere decir, Maestro). *Juan 20:16*

El término "Rabí" se usaba para designar a los maestros de las escuelas galileas. Y Jesús era maestro de Galilea, por lo que se le conocía como "Rabí Yeshúa" en hebreo. Haciendo un inciso, en la actualidad un "rabino" es el jefe espiritual de la sinagoga. Es un maestro experto en la ley judía en la Torá. Una característica peculiar de los rabinos es que tienen la obligación de casarse. Como en casi todo, ha habido algunas excepciones, pero al ser Jesús llamado Rabí, este aspecto también apuntaría a que Jesús pudiera haber sido casado.

Como dato curioso, el autor menciona que la denominación Reformista admite la ordenación de rabinos solteros. Esta misma rama del Judaísmo, aunque no es la única que lo observa, admite también a mujeres ordenadas al rabinato.

La Pascua

La fiesta de la Pascua es el "Pesaj" en hebreo y "Passover" en inglés fue instituida al ser el pueblo de Israel liberado de la esclavitud de Egipto, cuando marcaron sus casas con la sangre de corderos para señalarlas y la plaga de muerte con que Jehová hirió a los primogénitos de la tierra de Egipto pasó sin afectar al pueblo de Israel.

Entre los antiguos babilonios el huevo fue un símbolo sagrado de la fertilidad, asociado al culto de Astarté. En todas las grandes culturas de la antigüedad, de una u otra forma, el huevo se asociaba con el germen de la vida y la reproducción, con el resurgir de la naturaleza en las fiestas de primavera.

En el Cristianismo se produjo un sincretismo asociando costumbres paganas y cristianas. Y el mito de la Magdalena, que ya vimos se relaciona también con Astarté y la Diosa Madre, involucra también la idea del huevo pascual. Diferentes versiones relacionan a María Magdalena con la costumbre del Huevo de Pascua y los huevos de colores en tiempo de Pascua. Dice la tradición que cuando María Magdalena acudió a la tumba de Jesús llevó varios huevos cocidos en una cesta para comerlos por el camino. Cuando ella vio que el cuerpo de Cristo no estaba ya en el sepulcro, los huevos cambiaron de color y se volvieron rojos.

Otra versión la sitúa evangelizando en el sur de Francia donde consiguió ser invitada a una cena en honor del emperador romano Tiberio César. Magdalena dijo: "Cristo ha resucitado", a lo que Tiberio, incrédulo, respondió que "un hombre puede volver de la muerte tan fácil como ese huevo en tu mano puede ser rojo". La Magdalena tenía un huevo en su mano en representación de la Resurrección y el huevo entonces se volvió de color rojo quedando el emperador maravillado ante el milagro. Otra tradición cristiana afirma que María Magdalena y María, la madre de Jesús, pusieron una canasta de huevos a los pies de la cruz, que se volvieron rojos con la sangre de Jesús.

Así pues, el color rojo del huevo de Pascua representaría la sangre derramada de Jesús y su posterior resurrección.

Los Coliridianos

Dado que la leyenda de María Magdalena en el sur de Francia se vincula con los antiguos cultos paganos a la Diosa Madre, tan extendidos por toda la cuenca mediterránea, quiero hacer breve mención de una variante del sincretismo mariano. Los coliridianos fueron una secta gnóstica del siglo VI en Arabia, formada por mujeres que rendían culto a la Virgen María, como a una divinidad, parece ser que como resultante de un sincretismo del culto a la diosa fenicia Astarté.

El origen del término Coliridiano se encuentra en la palabra griega collyris, que significa bollo o panecillo. La diosa Astarté recibía ofrendas de bollos y tortas con símbolos sexuales representados en ellos y los coliridianos adaptaron esta idea hasta convertirla en una especie de segunda Eucaristía dedicada a la Virgen María. Dentro de esta secta considerada hereje en su tiempo, las mujeres eran ordenadas y practicaban el culto mariano.

Iniciación Sacerdotal

CAPITULO 2: LETANIAS Y ORACIONES

Al Maestro Oculto

Al Maestro Oculto nuestra alma reverencia, Palabra del Eterno, Fulgor del Infinito que con clamor de alma errante buscamos con fervor.
Ven y llena los corazones de tus fieles con el Fuego de Tu Amor para que por Tu Poder inefable seamos creados de nuevo y con Tu Espíritu renovemos la faz de la Tierra.
Por Abraxas, en el Nombre de la Crista Mística. Amén.

Oración a Melquisedec

Oh, Eterno Patriarca Melquisedec, nonata prefiguración de Jesucristo, que con Enoc y Elías no conociste la muerte.

Con tu Majestuosa Presencia ilumina el sendero de los devotos de la Sabiduría Divina para que alcancemos la Recurrencia del Reino del Demiurgo. En Tu Nombre Inefable. Amén.

Madre Divina

Te suplicamos con Fe y Devoción que nos muestres la Gloria de Tu Refulgencia mientras avanzamos en el Camino de la Verdad y de la Vida, en el Sagrado Nombre de Tu Hijo el Cristo Gnóstico, que, con el Padre, en la Unidad del Espíritu es la Deidad por los siglos de los siglos. Amén.

Con el Cristo de la Gnosis

Tú que dijiste "Levanta la piedra y allí me encontrarás, parte el árbol y allí estaré Yo". Entra a mi existencia para que Tu en mí y yo en Ti, seamos eternizados en Tu Seidad. Por Tu Augusta Presencia. Amén.

A la Más Elevada y Absoluta Divinidad

A la Más Elevada y Absoluta Divinidad, el Padre Sempiterno, el Hijo Redentor y el Sagrado Espíritu que enciende nuestra Fe en el Fuego de Tu Imponente Luminosidad, para que contemplemos las Promesas del Cristo Gnóstico, (por Abraxas). Amén.

Oh, Señor Jesucristo

Oh, Señor Jesucristo, que Te encuentras en todos los lugares y soportas todas las cosas, llena los pensamientos de nuestros corazones con la inspiración de Tu Espíritu para que alabando Tu Grandeza participemos contigo de la Vida Eterna. En Tu Santo Nombre. Amén.

Salve Gnóstica

Salve Madre Divina de Misericordia, Reina de la Gnosis, Vida Esperanza y Refugio nuestro.

A ti llamamos los Hijos e Hijas de Adán Kadmon y de Eva Arcana en el valle de la Existencia Terrenal.

Enséñanos, Madre Universal, aspecto femenino de la Divinidad, el Camino de la Salvación Espiritual y la vida de prosperidad, salud y paz.

Por Abraxas, en el Nombre de la Crista Mística.
A MÁXIMA ENTREGA NUESTRA. Amén.

Credo del Existencialismo Esotérico

Creemos que el Demiurgo es Amor, Poder, Verdad y Luz; que la Sabiduría Divina poderosamente rige el Universo; que los Hijos e Hijas de Adán Kadmon y Eva Arcana alguna vez alcanzarán su estatura y se postrarán a sus pies.

Creemos en la Reencarnación de las Almas, la Predestinación del Espíritu y la Vida en el Más Allá. Confesamos la Paternidad del Creador y la Fraternidad Humana.

Declaramos nuestra profesión eclesiástica de Fe en la Arcana Enseñanza Iniciática de Ocultura Universal. Reconocemos al Herisarca, Baba Sar Mar Profeta, como mensajero de Abraxas para la restauración del aspecto femenino de la Redención en la Divina Persona de la Crista Mística.

A MÁXIMA ENTREGA NUESTRA. Amén.

Profesión de Fe

TE ALABO PADRE SEMPITERNO COMO AL SIMBOLO DE LA UNIDAD DE TODA RELIGION,
COMO AL SAGRADO CORAZON DEL CRISTO GNOSTICO,
A LA FUENTE ESPIRITUAL DE LA VIDA, LA CONSCIENCIA Y LA EXISTENCIA E IMPLORO LA BENDICION DEL SALVADOR DEL MUNDO,
Y ESA LUZ DIVINA ALQUIMIZADA EN GLORIA,
TE RUEGO QUE INUNDE MI SER CON PAZ, AMOR Y SABIDURIA.
YO SOY EL CUERPO, EL ALMA Y EL ESPIRITU QUE EMANA DEL DEMIURGO HASTA LO PROFUNDO DE MI SER.

YO SOY EL SER DIVINO, EL SER DIVINO SOY YO. AMEN.

Oración Divina

LA MADRE DIVINA VIENE COMO UN ANGEL IRRADIANDO LUZ Y CALOR, MOSTRANDONOS EL GOZO DE VIVIR EN UN MUNDO MEJOR.
EL ESPIRITU DIVINO IRRADIA LUZ, AMOR Y PAZ
PARA MI ARMONIA EN EL MUNDO EN QUE VIVIMOS, NOS MOVEMOS Y TENEMOS NUESTRO SER.
LA CONCIENCIA COSMICA DEL PADRE CELESTIAL SOSTIENE Y NUTRE EL MUNDO Y MI MUNDO LLENANDOME DE PROSPERIDAD, SALUD Y POTENCIA.
EL DESTINO EN LA NATURALEZA Y EL UNIVERSO SE PLASMAN EN EL HOMBRE PARA ALCANZAR LA GLORIA DE LA EXISTENCIA ETERNA, POR LA ARCANA ENSEÑANZA INICIATICA DE OCULTURA UNIVERSAL.
POR ABRAXAS, EN EL NOMBRE DEL CRISTO GNOSTICO. AMEN.

"CHISPA"
(Cenáculo de Hermanos Iniciados, Sacerdotes, Pastores y Archimandritas)

El Cónclave Iniciático Universal es un ente orgánico que consolida a instituciones espiritualistas de carácter esotérico de todos los países del Mundo.

Un Cónclave como éste en particular es el nivel más elevado integrado por Maestros Ascendidos, Maestros Vivientes y Discípulos de diversos grados.

La Jerarquía Planetaria que dirige el Cónclave Iniciático Universal se compone de Su Excelsitud Baba Maron Athos, como Guía Espiritual Supremo, el Gran Maestro Tau Tsushumbe Tombé y 97 Maestros Ascendidos, o sea, Grandes Seres que moran en los planos superiores del Cosmos.

El Ejecutivo del Cónclave recae en una Pentarquía bajo la dirección de dos Maestros Vivientes: Su Beatitud Sar Mar Profeta y el Ilustrísimo Tau Nekuame Gruma.

La Arcana Enseñanza Iniciática de Ocultura Universal es el sistema ideológico fundado por el Rex Imperator Sar Mar Profeta.
A nivel de grupo existe lo que se ha definido como CHISPA: Cenáculo de Hermanos Iniciados, Sacerdotes, Pastores y Archimandritas que tiene a su cargo la función ministerial en cada célula de la organización.

Siendo la estructura piramidal la forma de gobierno de esta entidad, la jerarquización obrará de manera analógica y simétrica en el Cónclave Iniciático Universal, la Arcana Enseñanza Iniciática de Ocultura Universal y CHISPA.
Estos lineamientos subsisten con la ética de Ocultura Universal.

CAPITULO 3: DOCUMENTARIO

Carta Pastoral de la Resurrección de Jesucristo

PASCUA DE RESURRECCION/ EASTER
21 de Abril del Año del Señor 2019

PRELATURA PERSONAL DEL BABA SAR MAR PROFETA

PROMOCIÓN A TÍTULO PROPIO QUE EXCEPTÚA NORMATIVAS ECLESIOLÓGICAS, ECLESIÁSTICAS Y ECLESIALES

A los fieles devotos de esta Jurisdicción Eclesiástica Autocéfala

A los Hermanos en el Episcopado, en el Sacerdocio Ministerial

A los Sínodos, Consistorios, Concilios y Jerarquías Eclesiásticas en Inter-Comunión con Esta Sede Primada

Dignamente ofrecemos el Proyecto Vigente con el presagio de Paz Amor y Sapiencia, en el Nombre del Padre Sempiterno, del Cristo Gnóstico y del Paráclito. Por Abraxas. Amén.

MOTU PROPRIO

DECRETO Y BULA ORIGINAL DE PRELATURA PERSONAL
Sobre la restauración del Sacerdocio Femenino y la aplicación de regulaciones y normativas para facilitar la formación académica de hombres y mujeres devotos que aspiran al Servicio Divino.

Sobre la religiosidad en el aspecto femenino de la Divinidad en la personificación de la simbología e iconografía de la FIGURA CENTRAL DE LA "CRISTA MÍSTICA".

EXPLICITACIÓN: Proyecto Vigente

Sépase que la Prelatura Personal de un Primado, Patriarca, Fundador o Líder

Histórico Religionista es el privilegio de forma unipersonal de realizar cambios canónicos y litúrgicos, doctrinales y teológicos, que los poseedores del Poder de UKASE han efectuado en determinados sitios en siglos anteriores.

Bula original de Prelatura Personal
(Proyecto Vigente)

Nos, Roberto de la Caridad, conocido en las altas esferas como Sar Mar Profeta, siervo de los siervos de Dios, Primado Gnóstico Catholikos, Exarca Patriarcal para los Hispanos, Herisarca Segundo después de Manes, en la Sede del Apóstol Santo Tomás, con el Linaje Episcopal de las Iglesias Católicas, Ortodoxas, Heréticas, de Oriente y Occidente, Hierofante Iniciador.

Con Nuestra Suprema Autoridad Eclesiástica de facto y de iure, venimos a promulgar y promulgamos,

Por cuanto:

1. Que en el origen de la Fe cristiana hubo hombres y mujeres que por su devoción y

sabiduría recibieron la Sucesión Apostólica del ministerio sacerdotal y del Episcopado.

2. Que entre ellos en el primer siglo de esta Era Cristiana, Santa María Magdalena, discípula de Jesucristo (y madre de sus hijos Amador, Sara, Sofía y Emineo recibió el orden de Obispo y lo transmitió en la dinastía que ella instaurara desde Israel y la India hasta la Galia (Francia) y en Lyon con la Dinastía Merovingia que se extendió durante siglos en varios continentes en antigüedad.

3. Que en las doctrinas esotéricas Místericas y taumatúrgicas subyace el concepto cristológico de la personificación de una figura crística o sea de un Cristo, como Jesús de Nazaret, Shri Krishna, Bodisatva Maitreya, Quetzalcoatl, Huiracocha, entre los Grandes Seres Maestros de la Tradición Religiosa Universal y que la elevada condición de Cristo es una posición a cargo de la función de Instructor Mundial y que esa grandeza iniciática es inherente a toda persona humana, ya sea de carácter masculino o femenino, sin que el sexo individual pueda

ser óbice que impidiera esta Unción Suprema.

4. Que a este siervo del Altísimo le ha correspondido recibir la misión de restablecer, reinstaurar y establecer en este periodo existencial el sacerdocio indiscriminado en todos los grados eclesiásticos.

EXTRACTOS DE LA PROVISIÓN DE ESTATUTOS OBLIGATORIOS

Por tanto, en uso de las facultades de que estamos investido, definimos y ordenamos que dentro del imperio del Tiempo y del Espacio, se restituya el legítimo derecho moral y espiritual a que mujeres y hombres, en virtud de su preparación académica, mística y devocional, puedan, si hubiere mérito adecuado, ser investidos en todos los niveles del Sacerdocio ministerial.

Por lo que a tenor de Derecho hacemos de hecho este proyecto vigente. Otrosí: Que se permita la accesibilidad en este caso específico para que los hombres y mujeres candidatos a la ordenación sean por lo tanto investidos o investidas en los grados de Predicador, Evangelista, Ministro, Pastor, Sub Capellán, ProCapellán, CoCapellán, Capellán, Coadjutor, Archi Capellán y Core Epíscopo, hasta el Sub-Diaconado, Diaconado, Archi-Diaconado, Proto-Diaconado, luego de haber cursado y ejercido las correspondientes Órdenes Menores de Tonsurado, Ostiario, Lector, Exorcista, Acólito y de una especial significancia, la Investidura de Pitonisas en niveles iniciáticos.

Se insertan las categorías de Archimandrita, Exorcista Oficial Investido y los cargos y posiciones nobiliarios.

Con nuestra Suprema Autoridad derogamos todos los factores canónicos que se opusieran a este Decreto y Bula. Instituimos las Licenciaturas apropiadas y los grados académicos de Ilustrado, Enciclopedista, Doctólogo, y equivalentes en materias litúrgicas, teológicas y accesorias.

ÉTICA RELIGIOSA
Esta Prelatura Personal obra en competencia con el poder de la auténtica

interpretación del código de Derecho Canónico Oriental (Ruder) y su puesta en ejecución y/o derogación.

El presente Decreto y Bula de Prelatura Personal se sustrae de los órganos de COLEGIATURA sinodiales, consistoriales y conciliables.

Por el arcano precepto de UKASE, NIHIL OBSTAT. Ordeno y Mando que este Documento Histórico se haga patente en el lugar y fecha supra. FIAT.

Firmado: Menelao Morales Mora

De lo que el Gran Canciller Honorario da fe.

Proyecto Vigente:

INSTAURACIÓN ADDENDUM (A) IDEOLÓGICO
Dispensación de la Crista Mística

Dentro de la órbita del Existencialismo esotérico la promulgación del Decreto-Bula de la Prelatura personal del Baba Sar Mar Profeta se inserta dentro de los acontecimientos planetarios del proceso de la Implantación del Señor de la Historia, en la manifestación del nuevo Avatar Baba Marón Athos en su magisterio como precursor de la Reaparición del Señor de la Historia, en su actual exposición de la Cristificación en un hombre como en una mujer.

La figura central del proceso de la Implantación mostrará al mundo oculto la doble Reaparición del Señor de la Segunda Venida y la Segunda Venida del Señor. La interpretación mistérica y taumatúrgica de un Sumo Sacerdote supra humano y multi poderoso que se revela a los devotos iniciados a partir de los llamados y escogidos por el Herisarca de la Nueva Era de Acuario el Baba Sar Mar Profeta.

Este concepto hierático y herético se armoniza con la promulgación de la restauración del Sacerdocio ministerial femenino de la Tradición Merovingia de Santa María Magdalena que integra la participación de ambos sexos en el Drama Histórico Religionista.

La Iniciación en la Gran Obra del Sanctum de la Crista Mística Comienza con el Bautismo de Fuego, seguido de la Crismación Mistérica y la Unción en la Investidura de pitonisas y exorcistas en el sacerdocio ministerial. El incremento de la receptividad de la Fuerza Cósmica Liberadora a través de la vibración en el Arcano Original de la primera raza diferenciada de Adán Kadmon y Eva Arcana.

El Claustro del Sacerdocio de ambos sexos y las pitonisas y exorcistas que se formarán con la presencia de los devotos investidos en el Santuario de la Crista Mística, transmitirá los poderes y capacidades mistéricos y taumatúrgicos en los diferentes grados eclesiásticos e iniciáticos que siguen el Camino del Desarrollo Espiritual de los Cultos Ocultos de la Historia y el futuro actual.

Una declaración de intención, seguida de la Promesa de los Iniciados y Ordenados y el Juramento de los Investidos será el proceso del desenvolvimiento interno de los que se incorporen a la Gran Obra de la Crista Mística.

Finalmente, los fratres y sorores del Claustro Jerárquico serán diplomados, titulados y certificados con la credencial correspondiente. Las obligaciones voluntaria y autónomamente adherentes a esta vocación serán individualizadas de las que ya existen dentro de la Iglesia y Logia, y serán completamente privadas y confidenciales.

Proyecto Vigente:

ADDENDUM (B)
NIVELES INSTITUCIONALES

La organización del Claustro Profesional Autónoma y Voluntaria de Capellanes y Jerarcas del "Sanctum de la Crista Mística" que agrupará a nivel internacional los clérigos que integran de forma voluntaria y autónoma la Arcana Orden del Sacerdocio de la Crista Mística.

VOCACIÓN VOLUNTARIA
La tarea de educar a los aspirantes a grados eclesiásticos y los candidatos al Sacerdocio se asignará de forma

permanente al actualmente en funciones Seminario "Rey de Reyes" con programas de instrucción a manera de cursillos y cursos respectivamente en cuanto a los aspirantes y candidatos al servicio divino. La titulación hasta la conclusión de las Licenciaturas eclesiásticas y la Doctología.

EDUCACIÓN ECLESIÁSTICA

Las calificaciones institucionales del Seminario "Rey de Reyes" constituirán evaluaciones de estudio, trabajo y convivencia mística de los aspirantes, y candidatos de todos los niveles.

Se reconocerá la fórmula de LABOR-ESTUDIO-CRÉDITOS declarados en el Testimonio de Aceptación en cuando en cuanto a las horas-tiempo vertidas en la preparación para el Ascenso en los grados de Investidura.

FORMACIÓN AUTÓNOMA
La acreditación se plantea en la formulación de que cada hora de trabajo equivaldrá a un crédito. Las horas de estudio serán computadas a razón de hora equivalente a crédito estudiantil. La convivencia en el

sacrificio (oficio sagrado) y colaboración ritualista será igualmente de una hora por crédito y viceversa. La tabulación para acceder a grados superiores se apreciará en 100 créditos por cada Investidura.

La Jerarquía Eclesiástica emitirá el veredicto y se reservará el derecho a la atenuación y/o super valoración por años de participación en el servicio de esta Gran Obra en la etapa de educación y formación.

DISCIPLINA DE SILENCIO EN TÉRMINOS ABSOLUTOS

Los Capellanes deberán observar escrupulosamente el "Régimen de Discreción, Confidencialidad y Secrecía". No será permitido indagar o buscar información en cualquier sujeto que declare, confíe o confiese. No estará tolerado confundir el ministerio de reconciliación o confesión auricular general con la consejería, aunque estará la misma avalada igualmente por la confidencialidad y secrecía. El infringimiento de estas solemnes normativas producirá en el fuero interno, el anatema, y en el fuero externo, la excomunión.

Cónclave Iniciático Universal: "Misterio desvelado"

Arzobispo Dr. Roberto Toca, O.H.O.
(Su Beatitud Sar Mar Profeta)
Primado Gnóstico Catholikos
Iglesia Católica del Rito Antioqueno

El Cónclave Iniciático Universal es la Asamblea de Jerarcas y Dignatarios de la Gran Hermandad de Maestros e Iniciados con sede en Agharta, Shamballah, conocido como la Gran Fraternidad Blanca.

Este Cónclave se reúne periódicamente en distintos sitios físicos del planeta Tierra, así como en los planos sutiles del Cosmos.

Los Seres Superiores llamados Maestros por su función, entre otras, de enseñar, la mayoría de los cuales son individualidades trascendidas y liberadas del mundo físico y material. Ellos forman una Jerarquía de Adeptos de distintos grados tanto en niveles de desarrollo espiritual como en cargos y categorías. Los que han tenido la posición de Cabeza Invisible han sido desde la más remota antigüedad los siguientes:

Uno de los designados como Melquisedec para estas áreas del Universo. Esta designación significa más que una suprema seidad, una de la 12 Supremas Entidades de este Sistema Solar.

Para la Tierra han sido asignados el Sanat Kumara de la cadena planetaria de Venus y más allá del Sistema Solar. Oriundos de este planeta, el Sanat Gautama y en la actualidad, Maron Athos.

Aunque el nivel de cristificación de sus almas es elevadísimo y se han considerado como Avatares o Mensajeros, ninguno de Ellos ha tenido el cargo y el grado de un Cristo; los ha habido del rango de un Buda, pero la Suprema Personalidad de Krishna o Jesucristo se asocia con la de las cabezas de la Jerarquía Planetaria.

Pero, se tiene asociado al presente la figura central del Baba (Padre Espiritual) Marón Athos como el personaje pre-figuración del Señor de la Segunda Venida, lo que no debe confundirse con la Segunda Venida del Señor (El Libro del Apocalipsis 3:12 declara que vendrá con Su Nuevo Nombre). Tened en consideración que Jesús significa Salvador y que su nombre de nacimiento fue Emmanuel (Dios con nosotros).

El significado del término Marón Athos (Maranatha) lo hallamos en la Primera Epístola de San Pablo a los Corintios 16:22:

"Si alguien no ama al Señor, que sea anatema (maldito). *¡Maranata!* (¡El Señor viene!)*"*

Para nuestro sistema planetario en la tierra, juntamente con estos Grandes Seres, colaboran en el Plan Cósmico de la Divinidad alrededor de 311 Maestros Trascendidos, más de 1,111 Iniciados y discípulos con cuerpo físico biológico y 55,000 entidades angelicales. Entre los discípulos del mundo exterior el grado más alto lo alcanzan los Iniciados al discipulado personalmente por el Señor de la Historia.

El Cónclave Iniciático Universal sesiona en puntos clave del mundo material cuando van a estar presentes Iniciados y discípulos en cuerpo físico. Este Cónclave tiene representatividad de personas de diversas procedencias, pero no es una organización de miembros individuales. Es una megaorganización integrada por las Escuelas Esotéricas, Ordenes Mistéricas, Fraternidades Herméticas, Sociedades Secretas y Religiones Mundiales de la Tradición Oculta.

Por la naturaleza intrínseca del Cónclave Iniciático Universal, éste no hace promoción, propaganda ni proselitismo. Una élite de la Humanidad forma parte del mismo y todos guardan una estricta promesa de secrecía, compartimentación de funciones y subordinación a Jerarquías cósmicas.

La tradición oculta que el Autor define como la Arcana Enseñanza Iniciática de Ocultura Universal y el Existencialismo Esotérico, en el sistema ideológico contemporáneo de la Doctología, es el método más avanzado para lograr la Iniciación en el Camino del Desarrollo Espiritual.

A manera de corolario: La Gran Hermandad de Shamballah proclama sus conceptos fundamentales, a saber:

El Absoluto Ser Supremo Autoconsciente en los multi-versos

La Divinidad Trina de todas las Grandes Religiones

La Doctrina de los Avatares o Mensajeros de la Divinidad

La Ley de Evolución de la Vida, la Forma, la Esencia y la Conciencia
Los Maestros Trascendidos y los Maestros Vivientes vigilan y colaboran, pero no intervienen en el Karma de la Humanidad

La Existencia pensante y sentiente en el Universo, civilizaciones en todo el Cosmos visible e invisible

La Ley de Causación

La Vida después de la Muerte

La Reencarnación de las almas

El Proceso de Liberación del Karma o Destino

La Comunicación de seres con entidades de todos los planos existenciales tanto en el Universo como en el Mas Allá

La Iniciación al proceso de Cristificación
La Existencia de seres extra, intra y ultraterrestres

La Unificación de todas las Religiones manteniendo sus ceremoniales autóctonos y particulares doctrinas
El Ascenso y Descenso de las Civilizaciones

La Ley del Cambio en geo-política, meta-política y progresión

El conocimiento suprasensible y los poderes inherentes en los seres humanos

La coherencia sistemática de la Arcana Enseñanza Iniciática de Ocultura Universal, el Existencialismo Esotérico y la Doctología

Por esto que hemos explicado:
Contra la decadencia de los fanáticos, ignorantes:
¡Fuera los coprófagos!

¡Abajo los mancos mentales!
¡Mueran los sepulcros blanqueados!

Sirva este resumen para mostrar un vislumbre de la Verdad Eterna a los buscadores sinceros y desprejuiciados.

CON DIOS TODO, SIN DIOS NADA

EL UNIVERSO ES EL HIJO DE LA NECESIDAD DE EXISTIR.

LA VIDA MISMA ES META, POR LO QUE ESTAMOS AQUÍ, Y NO ALLA.

PARA LLEGAR A SER SUPERIOR ANTES TIENES QUE SER DIFERENTE A LOS DEMAS.

Cónclave Iniciático Universal: "La Ideología Sagrada"

Subordinado a la Gran Hermandad de Maestros e Iniciados de Agharta en Shamballah

COMUNICADO

A todo el Mundo

"En el Nombre de la Tri-Sancta Sophía, del Christos Gnóstico y del Paráclito. Por Abraxas. Amén.

A todos los sinceros buscadores: "Conoceréis la Verdad, y la Verdad os hará libres".

La realización del Congreso Mundial de Ocultura, efectuado en Génova, Italia, en Octubre del 2015, produjo un inmenso flujo de personas y organizaciones que se interesaron por la ideología que se proclamó en este primer Congreso. El sistema de pensamiento declarado a los participantes en los trabajos de este evento como la Arcana Enseñanza Iniciática de Ocultura Universal, la Doctología y el Existencialismo Esotérico es expuesto en los libros de la Trilogía:

- "Cultos Ocultos, Primer Tratado de Doctología"

- "La Clavícula de Ocultura, el Teorema del Sistema de la Doctología"
- "El Iniciador de Ocultura, Breviario del Meditabundo"

entre otras obras de su autor, el Arzobispo Dr. Roberto Toca, Su Beatitud Sar Mar Profeta.

Durante el primer Congreso Mundial de Ocultura se manifestó la presencia del Baba Marón Athos, figura central del Conclave Iniciático Universal. Este personaje tiene la función de guiar e inspirar, aunque no de dirigir de manera ejecutiva, a los Maestros Transcendidos, Maestros Vivientes, Iniciados y Discípulos de la Tradición Histórica Oculta. Este supra-organismo es una Asamblea General que se convoca para actualizar los asuntos de las entidades que lo integran, a saber: las Escuelas Esotéricas, Ordenes Místéricas, Fraternidades Herméticas, Sociedades Secretas y Religiones de la Tradición Ocultista. Es por lo tanto un Consorcio de distintas agrupaciones, pero no de miembros individuales. La Jerarquía que detenta el Poder Ejecutivo la forman los representantes de las organizaciones procedentes de una Pentarquía de

Maestros Trascendidos y Vivientes, entre los cuales se destacan:

Sar Thelemako
Tau Tsushumbe
Sar Mar Profeta
Tau Nekuame Gruma
Pau Salomón Sanz de Pipion

El Baba (Padre Espiritual) Maron Athos, ejerce la labor de I.H.O. (Cabeza Interna de la Organización).
El Baba Sar Mar Profeta, Arzobispo Dr. Roberto Toca, es O.H.O. (Cabeza Externa de la Organización).

Su Excelsitud Marón Athos fue exaltado como Cabeza Invisible en la Asamblea General del Cónclave Iniciático Universal que se celebró el 8 de Mayo de 1988 en Katmandú, Nepal.

Los antecedentes de la Historia del Ocultismo se pueden observar en la superficie de la Historia y la Obra literaria de Christian Rosekranz, la "Fama Fraternitatis" y "Las Bodas Alquímicas"; en el Abate Alphonse Louis Constant (Eliphas Levi), especialmente en sus libros de Cábala y "Dogma y Ritual de la Alta Magia".

Esta Tradición instauró el pensamiento oculto con las obras literarias de la Teosofía de Mme. H.P. Blavatsky, del Obispo C.W. Leadbeater, y de las sociedades surgidas de este movimiento como la Antroposofía de Rudolph Steiner y su obra cumbre, "La Iniciación", la Escuela Arcana de Alice Bailey, y su libro máximo "Iniciación Humana y Solar", la bibliografía del "Cuarto Camino" de G.I. Gurdjieff y los libros de sus discípulos, especialmente P.D. Ouspensky, Rodney Collin, Maurice Nicoll, O.M. Ivanhov, entre otros de este sistema continuador de las enseñanzas de la Hermandad Sarmang, fundada por Zoroastro.

El acervo de la Cultura de lo Oculto se ha patentizado en obras literarias de diversas escuelas. No obstante, debemos declarar a fuer de honesto que la posibilidad de incorporar el aspecto práctico a la teoría y filosofía del Ocultismo, se ha podido llevar a efecto fundamentalmente en el Quinto Camino de Boris Mouravieff, autor de la Trilogía "Gnosis". No obstante, la distinción de la praxis de la Doctología, en su sistema de grados es con toda certeza la mejor, - si no la única -, como actual modalidad de llegar a las técnicas que posibilitan la obtención de un desarrollo inusitado de conciencia y de ser que abre el Pórtico de la percepción extrasensorial, el contacto directo con el Mundo Invisible, en todos los planos, y el encuentro personal con el Maestro ideal que con Poder y Sabiduría llene el alma y el espíritu del aspirante con la Iniciación en Ocultura.

Esta superior tecnología esotérica no está destinada a los frívolos y supersticiosos ni a los incultos, ni mucho menos, a los mancos mentales, sepulcros blanqueados y coprófagos de toda ralea.

El personaje central Baba Marón Athos fue en su anterior estado corporal (vida pasada) un epíscopo maronita entre los drusos del Monte Líbano. Al presente, el 'Baba' como lo llaman sus discípulos, utiliza un 'mayavirupa' que le permite proyectar su persona trascendida de las leyes biológicas y físicas en una 'precipitación visual y auditiva' que llega a nosotros desde los planos astral, mental y monádico.

Con este comunicado intentamos mostrar tanto a la curiosidad pasajera como a la búsqueda auténtica, un atisbo de este paraje donde se encuentran la llave del Poder y el soplo de la Sabiduría.

Desde el Centro Mundial de la Doctología, la Arcana Enseñanza Iniciática de Ocultura Universal, recibid el saludo antiguo y actual:

- La secrecía es un deber entre el Maestro y el discípulo:

  "Para ver, aprende a mirar
  Para avanzar, empieza a andar
  Para llegar al Gurudeva (ideal de Maestro)
  Búscalo con afán"

- "Aquellos que lo reconozcan lo verán primero".

Con la Bendición Pontifical,

Arzobispo Dr. Roberto Toca, O.H.O.
Su Beatitud Sar Mar Profeta
Fundador

de la Arcana Enseñanza Iniciática de Ocultura Universal, la Doctología y el Existencialismo Esotérico

Orientología Eclesial

El Discipulado de Santa María Magdalena y el Seminario "Rey de Reyes", que son partes integrantes de la "Sagrada Orden de la Crista Mística" y Su Jerarquía Sacerdotal, funcionan bajo los auspicios de la Sede Primada Metropolitana de la Iglesia Católica del Rito Antioqueno – Abadía Ortodoxa Gnóstica.

La sucesión apostólica de las Iglesias Católicas, Ortodoxas, Heréticas, Gnósticas y los Ritos en comunión e inter-comunión y del mismo modo, la dinastía merovingia y su linaje original y auténtico desde María Magdalena y su hijo Amador, en descendencia del Cristo Gnóstico, fundamento de nuestra Fe.

Corresponde al Primado Gnóstico Catolikos, Su Beatitud Sar Mar Profeta, la tutela fundacional de estas organizaciones eclesiásticas que, cobijadas en la Catedral de la Santísima Trinidad-Abadía Ortodoxa

Gnóstica y sus entidades laterales, integran esta Gran Obra.

Por un cuarto del siglo este Fuero Autocéfalo eclesiológico constituyente de "El Vedado", la ciudadela soberana que goza de extra-corporeidad por encima de los estamentos mundanos ordinarios y de extraterritorialidad.

Su Beatitud Sar Mar Profeta es el Herisarca Supremo Vitalicio, la Abadesa Episcopal Sol Ígneo como Superiora General de la Sagrada Orden de la Crista Mística y el clero ordenado de la Jerarquía Sacerdotal de esta institución autónoma, forman su estructura religiosa.

El Sínodo, el Concilio y la Jerarquía Sacerdotal de la Sagrada Orden de la Crista Mística con los grados de: tonsurado, ostiario, lector, exorcista, acólito, subdiácono, diácono, archidiácono, protodiácono, evangelista, predicador, ministro, pastor, subcapellán, procapellán, cocapellán, capellán, archicapellán, en los grados eclesiásticos y con los cargos de Vicario General, Oriéntologo, Canciller, Gran Canciller, Canónigo, Canónigo

Magistral, Dean, Archipámpano, Procurador, Coadjutor, Sub-corepíscopo, Corepíscopo, Archicorepíscopo, Mandrita, Submandrita, Archimandrita, Notario Apostólico, Historiador Eclesiástico, y Clérigos Honoríficos y/o por privilegio otorgado por el Herisarca Supremo Baba Sar Mar Profeta.

El Sacerdocio Jerárquico de la Sagrada Orden de Santa María Magdalena conserva su rito primigenio y su sacramental propio que dimana de las fuentes de la Revelación: Evangelios Pseudo-Apócrifos, Tradición Histórica y Magisterio Inerrante del Herisarca Supremo a través de Melquisedec, Enoc, Aarón, Jesús de Nazareth, María Magdalena, Amador, Tomás y Felipe, Manes, Mar Ignacio Pedro Tercero de Antioquía, Baba Maron Athos, Tau Tsutshumbe y de todos los Patriarcas, Profetas, Pontífices y Taumaturgos de los linajes episcopales de Oriente y Occidente.

Esta Orientología Eclesial reconoce la figura testimonial de "El Ruder" como el Código de Derecho Canónico Oriental.

Para conocimiento general de clérigos y laicos de esta Jurisdicción Eclesiástica Autocéfala.

En el Nombre de la Tri-Santa Sophia, del Christo Gnóstico y del Paráclito. Por Abraxas. Amén.

Protocolo de Institucionalización

PROTOCOLO DE INSTITUCIONALIZACION AUTONOMICA DE LA ASOCIACION ECLESIASTICA INDEPENDIENTE PARA LOS HOMBRES Y MUJERES DEVOTOS DE LA 'CRISTA MISTICA'

Voluntariado de los clérigos de diferentes grados, capellanes de distintos niveles y coadjutores en la vocación de esta Gran Obra.

La Ceremonia de Imposición del Medallón Oficial de la "Orden Sacerdotal de la Crista Mística" oficiada por el Fundador y Herisarca, Baba Sar Mar Profeta, establece la Membresía con Pasaporte religioso, salvoconducto de identificación correspondiente para el reconocimiento eclesiástico en todo el mundo.

Esta Asociación Eclesiástica Independiente es consustancial con la Orden Sacerdotal de la Crista Mística en su condición de entidad autónoma dentro de la eclesiología y parateología de las Religiones esparcidas por todo el orbe terrestre.

Clasificación de no-denominacional: esta institución declara sujeción a título personal a su Fundador, el Baba Sar Mar Profeta, Herisarca Supremo de la Orden Sacerdotal de la Crista Mística.

Código de Etica Eclesiástica

1. Creencia en la Divinidad: Padre, Hijo y Espíritu Santo. Tres Personas en un solo Dios.
2. Creencia en Jesucristo, el Hijo del Padre Celestial Encarnado.
3. Creencia en la Santísima Virgen María en todas sus advocaciones.
4. Creencia en Santa María Magdalena, la Crista Mística.

5. Creencia en los Angeles, Arcángeles, Huestes Celestiales, los Santos y los Benditos Seres.
6. Servicio abnegado a la Gran Obra. Respetabilidad entre colegas. Administración de los oficios religiosos sin discriminación de cualquier índole. Inegoísmo en todos los aspectos de la conducta.
7. Voluntariado en la acción religiosa de los clérigos de diferentes grados, los capellanes de distintos niveles y coadjutores de esta Gran Obra.
8. Profesión de Fe en la Arcana Enseñanza Iniciática de Ocultura Universal, la Doctología y el Existencialismo Esotérico.
9. Disposición a participar en los países, pueblos y lugares a donde fuese a ejercer la misión a la que ha sido asignado.
10. Colegiatura en la graduación de Ilustrados, Enciclopedistas, Académicos, Licenciados, Doctólogos y Parateólogos.

CAPITULO 4: LITURGIA DE LA CRISTA MISTICA

La Gracia del Padre Celestial, de la Madre Divina y de la Crista Mística sea con todos vosotros. Amén.

Elohim, óyenos y guíanos.
Yaveh, escúchanos y ayúdanos,
Ashera, míranos y socórrenos.

Poderosa Madre del Cosmos,
libéranos del error y del mal
y sálvanos del mundo de las tinieblas,
en el Nombre del Cristo Gnóstico. Amén.

El que ama la sabiduría ama la vida
Y aquellos que la buscan temprano
serán colmados de gozo.
Enséñanos, Oh Señor, el Camino de tus preceptos

y los seguiré hasta el fin,
dame entendimiento y observaré Tu Ley de todo corazón.
La senda del justo es cual brillante luz,
brillando hasta la eternidad. Amén.

Cristo es nuestro fundamento
y nuestra principal piedra angular.
Nosotros no somos profanos y desconocidos
sino conciudadanos de los santos y ángeles de Dios,
edificados sobre los fundamentos de los apóstoles y profetas
y el mismo Jesucristo es nuestra principal piedra angular,
en quien todo el edificio armado crece
para ser una morada de Dios por el Espíritu.

A menos que el Señor construya la casa,
el trabajo de los constructores es perdido.
Los fundamentos de Dios están seguros
si tienen este sello.
Que todo aquel que invoque el Nombre de Cristo
se aleje de iniquidad.
Cristo es nuestro fundamento
y nuestra principal piedra angular. Amén.

EXALTACION DE LA VIRGEN MARIA

Aquí Te ofrecemos, Oh Señor, altísima alabanza y profunda gratitud por la maravillosa gracia y virtud de la Santísima Virgen María, (nuestra Madre Divina), y todos Tus Santos gloriosos desde el principio de la Creación, que han sido los vasos escogidos de Tu Presencia en la Tierra y una luz refulgente para todas las edades.

Y nos + unimos con Ellos en adoración ante Tu gran Trono blanco, de donde fluyen todo amor y luz y bendición por todos los mundos que hiciste. Amén.

LECTURAS

Libro de Enoc

Evangelio de Santa María Magdalena

HIERATICA CONFESIÓN HERÉTICA

Confieso a Dios Padre Todopoderoso, Creador de lo visible y lo invisible en el Universo.

Confieso a su Hijo Jesucristo, nacido por el Espíritu Santo de la Virgen María.

Confesamos que su discípula amada, María Magdalena, fue su consorte y madre de sus tres hijos Amador, Sara Sofía y Emineo.

Confesamos las Enseñanzas Mistéricas de la reencarnación, predestinación e inmortalidad de las almas y la comunicación con el Más Allá.

Confesamos la implantación de la Crista Mística, la Reaparición del Cristo Gnóstico y la instauración de la Jerarquía Sacerdotal de la Nueva Era. Confesamos la Iglesia Católica Ortodoxa y Herética, la comunión de los Santos, Ángeles, Arcángeles y Huestes Celestiales.
Afirmamos la Arcana Enseñanza Iniciática de Ocultura Universal y el Existencialismo Esotérico como la Doctrina de la Iglesia Católica del Rito Antioqueno.

Reconocemos al Baba Marón Athos como el Anunciador del Liderazgo Mundial hasta la Segunda Venida del Hijo del Hombre, el Cristo Gnóstico, "entre las nubes".

Profesamos la Gran Obra del Baba Sar Mar Profeta como Herisarca de la Crista Mística en los sagrados linajes de Melquisedec, Enoc, Abraham, David, Aarón, en el Antiguo Testamento y de los Patriarcas, Profetas, Pontífices y Taumaturgos en la Sucesión Apostólica del Nuevo Testamento y la instauración del Sacerdocio Jerárquico de la Nueva Era.

Prevalece la Divinidad de Jesucristo como Hijo Encarnado de Dios.

Por el augurio del Demiurgo, el Cristo Gnóstico, Rey de reyes y Señor de Señores, regirá con vara de hierro sobre la Tierra y le acompañará su consorte, la Crista Mística. Así el Segundo Adam Kadmon y la segunda Eva Arcana esparcirán la Luz de la Verdad, el Amor Universal y el Poder Divino y restablecerán el Plan en la Tierra.

Este es el símbolo de nuestra Fe Cristiana, en el Nombre de la Santísima Trinidad. Amén.

La Orden en el Orbe
EL ESPONSAL MÍSTICO

Por todo el orbe terráqueo el Discipulado de Santa María Magdalena, la esposa de Jesús de Nazaret, expande su apostolado Gnóstico para llevar la Buena Nueva de la Implantación del Señor de la Historia.

La Sagrada Orden de la Crista Mística aboga en la actualidad por la unidad en la Fe, Esperanza y Amor del culto de veneración a Santa María Magdalena, que idealiza la sumisión al Redentor en el Desposorio de las Discípulas con el Cristo Gnóstico, como ocurre con las monjas de todas las congregaciones religiosas.

La Doctrina Teológica de la Arcana Enseñanza Iniciática de Ocultura Universal, el Cuerpo Mistérico en sus niveles de primeras órdenes del Diaconato y sacerdocio; las segundas órdenes de predicadores, evangelistas, ministros y pastores, y las órdenes terciarias de monjes y monjas y servidores laicos que han sido iniciados de manera personal o telemática.

Esta dinastía merovingia proclama y profiere los esponsales de las devotas con el Cristo Gnóstico a semejanza de Santa María Magdalena como esposa mística y consorte del Salvador Jesucristo.
Este Discipulado está abierto a los sinceros fieles en todos los pueblos y países del Orbe terrestre. Cualquier devoto puede implorar su incorporación al Cuerpo Místico e integrar el Liderazgo Mundial de los llamados a participar en la Reaparición del Cristo Gnóstico junto a la Crista Mística, Santa María Magdalena.

El estandarte de esta comunidad eclesial irradia una aureola de Luz, Paz, Amor y Salud para los que entonan el cántico de alegría y se alejan del grito de dolor. Para estas luminarias de Faz del Rey de Reyes y Señor de Señores, les decimos: ¡Venid, Llegad y Mandad, porque el que manda, Gana!!!!

En Su Nombre. Amén.

ARQUEOMETRO Y GRIAL

La Divina Pastora, madre de Jesús de Nazaret, entregó a María Magdalena el Arqueómetro para que supiera cómo educar místicamente a sus tres hijos. El Arqueómetro es un instrumento alquímico en forma de cetro con inscripciones en el exterior metálico y signos y símbolos inscritos en pergaminos finos en su interior. María Magdalena lo cedió a su hijo Amador antes de su desencarnación.

El Grial fue el Cáliz en el que el Redentor bebió con sus discípulos en la Cena Pascual, o sea en la primera Misa de Jesucristo. La enseñanza esotérica declara que esta copa le fue dada al Maestro de Maestros por el Sumo Sacerdote Melquisedec del cual el recibiría el Sacerdocio Supremo. La tradición muestra a José de Arimatea como el depositario que llevaba este Cáliz en su viaje desde la India a las Galias (Francia) donde lo entregaría a María Magdalena. Antes de su partida terrenal ella se lo dió a su hija Sara Sofía.

Tanto el Arqueómetro (Cetro) como el Grial (Cáliz) representan las polaridades masculina y femenina, así el Cetro es el falo o lingam y el Grial es el yoni o claustro femenino. Los símbolos del Arcano Mistérico de Adam Kadmon y Eva Arcana. Los componentes taumatúrgicos de estos dos grandes sagrados artefactos forman parte del proceso generatriz de las fuerzas del Yin y el Yan y la consecuente iniciación en el Árbol Cabalístico de la Vida.

El Arqueómetro es un instrumento de Poder con la peculiaridad de servir al objetivo de Sar Mar Profeta en la Implementación visionaria del presente y el futuro en la adivinación y en la Iniciación Oculta.

La copa o Grial como vaso sagrado contiene la "sangre real" (sang real en francés) y el Pontífice la utiliza en el Misterio Eucarístico y la Iniciación Arcana. Ambos artilugios fueron conservados en secreto hasta nuestros días en los Templos de Ocultura Universal.

La Sagrada Orden de la Crista Mística, Santa María Magdalena, recoge el acervo mágico de los instrumentos sacrosantos de los que los templarios, rosacruces y martinistas originales fueron depositarios históricos.

En el presente el Discipulado de Santa María Magdalena, su sacerdocio apostólico y su linaje merovingio, se guardan con fervor en el Relicario Mayestático de nuestro Templo de la Iglesia Católica del Rito Antioqueno.
El Grito del Silencio y el Cántico de Alegría se manifiestan en este designio. La vanguardia de la Implantación declara por vuestra salud, paz, prosperidad y amor "!El que manda gana. El que no colabora, pierde. Por lo tanto: Manda dando, gana siempre!"
Amén.

SERMON.

LETANÍA DE LA CRISTA MÍSTICA

Desde el Tabernáculo te veneramos Crista Mística

Santa María Magdalena - Ruega por nosotros

Santa doncella y madre - Ruega por nosotros
Santa tenaz y suave - Ruega por nosotros

Santa consorte de Jesús - Ruega por nosotros
Santo amor de sus amores - Ruega por nosotros
Santo modelo de virtud - Ruega por nosotros
Santa envidia de los Apóstoles - Ruega por nosotros
Santo ejemplo de fidelidad - Ruega por nosotros
Santa insignia del Misterio - Ruega por nosotros
Santa luminaria del cielo - Ruega por nosotros
Santo baluarte de los mártires - Ruega por nosotros
Santo consuelo de los confesores - Ruega por nosotros
Santo altar del sacrificio - Ruega por nosotros
Santo bautismo de los muertos - Ruega por nosotros
Santo socorro de los enfermos - Ruega por nosotros

Santa guía de los viajeros - Ruega por nosotros
Santa avistadora de la barca - Ruega por nosotros
Santa morada del Salvador - Ruega por nosotros
Santo beso salido del Amor - Ruega por nosotros
Santa mirada profunda de los visionarios - Ruega por nosotros
Santo sortilegio de los taumaturgos - Ruega por nosotros
Santa Maestra Oblata - Ruega por nosotros
Santa Sacerdotisa de la Luz - Ruega por nosotros

Santa Crista Mística refúgiame en tu manto. En ti confiamos los hijos e hijas de Adám Kadmon y Eva Arcana.

Lleva nuestra plegaria delante de tu Amado Consorte el Cristo Gnóstico.
Sosténnos Aurora Infinita para que por la fe en el Redentor nos liberemos del Averno y del Maligno, ahora y por los siglos de los siglos. Amén.

OFRENDAS DE DONACIONES

Unidos a nuestro Herisarca El Baba Sar Mar Profeta, junto con los fieles a través de todos los siglos evocamos a los Arcángeles Miguel, Rafael, Gabriel, Uriel y Jofiel, Olaniel, Zadkiel y Metatron, junto con los Archiserafines Argamathán, Sevotartán, Loisos, Zakaki y Adosías en todos los puntos cardinales y con la Jerarquía del Universo invocamos la Luz de la Llama Flamígera para que ejerza en este Agape la alquimización de los símbolos del árbol Cabalístico de la Vida que Lillith y Satanael ofrecieron a Eva Arcana y la substancia de la Vía Láctea para la sublimación de la estirpe de Adán Kadmon en la presencia del segundo Adán y de la segunda Eva por el Pleroma de la Pistis Sophia con el Elixir del Esperma Sagrado.

A Ti mi Señor Jesús de Nazaret y Santa María Magdalena que estáis ocultos e integrados en este Misterio herético te reverenciamos con júbilo y devoción. Amén.

CONSAGRACION DE LA LECHE Y LA MANZANA

Por el Herisarca Supremo el Baba Sar Mar Profeta, nuestro Fundador:

Te rogamos, Oh Demiurgo del Cosmos.

Desde la Creación del Universo y de Adan Kadmon y Eva Arcana, en el Árbol Cabalístico de la Vida surge el símbolo de la manzana con el que los tentaran Lillith y Satanael, que fuera redimida por la esencia de la Leche de la Madre Cósmica Ashera, y que la Amada Discípula de Jesús de Nazareth, María Magdalena, su consorte y madre de sus tres hijos, Amador, Sara-Sophia y Emineo, transmutara para el auxilio de los hombres y las mujeres en el Ministerio de la Salvación.

Unidos en el sortilegio de la Divina presencia de los Angeles y Arcángeles y las Jerarquías del Universo, invocamos la Luz Alquímica de la Llama Flamígera para que estos signos se integren desde el Anima Mundi en nuestras mentes y corazones con devoción y fervor evocando la Pistis Sophia para el Agape transcendental de la Crista Mística.

En acto de sumisión a la Madre Universal, declaramos: Ave María.

AGAPE SAGRADO DE LA CRISTA MÍSTICA

En tu Relicario te veneramos Crista Mística. Oye, Oh Dulce Discípula de Cristo, la plegaria de tus fieles.

Oh bella consorte del Verbo encarnado, alzamos ante ti la mirada por ser tú en quien el Divino Maestro hecho hombre alcanzó por amarte más que a ninguna, su viril estatura.

Valiente y serena ante el martirio de la Cruz, hermosa y tranquila junto a la madre de Jesús.

Llega a nosotros Santa Crista Mística, con el estandarte de tu Fe del Cristo Gnóstico.

A ti a quien Él le pidió que lo tocaras después que fuera a la presencia del Padre Sempiterno, irradia en nosotros esperanza y paciencia.

A ti, mujer amada que te humillabas ante el Redentor, para después robustecerte cuando los otros apóstoles envidiándote se maravillaron.

Tú, dulce consorte del Cristo inmortal, que supiste entregar tu virtud al seguirlo y conservar a sus hijos y llevarlos contigo al Reino Merovingio.

A ti, discípula amada, acariciada por el beso del Amor de Jesús.

A ti, mujer divina, inspiradora de la Pasión del Maestro.

A ti, Santa Crista Mística, llegue el clamor de nuestras almas que te buscan como refugio y a quienes nos muestras tu candor ardiente.

A ti, intrépido Vaso del Santo Grial, tus seguidores se unen con devoción para contigo seguir al Pastor y Gran Obispo, el

Rey de Reyes y Señor de Señores, Cristo el Salvador.

En el Nombre del Hijo del Padre Celestial, Jesús de Nazaret, el Cristo Gnóstico y de María Magdalena, la Crista Mística, por la Gracia del Espíritu Divino en adoración te suplicamos que bendigas estos dones de leche y manzana en este ágape sagrado. Amén.

"Los devotos de la Crista Mística vengan y disfruten del nuevo Árbol Cabalístico de la Vida."

(Se ofrece un vaso con leche, yogurt o kefir y unas fracciones de manzana y al final la Oración):

"Madre Divina, Nuestra Señora de los Círculos Universales, bendícenos, ilumínanos y sálvanos con la revelación del Cristo Gnóstico, por su consorte, la Crista Mística. Amén."

(Cuando esté presente el Herisarca Supremo, Baba Sar Mar Profeta, El impartirá la Bendición del Hierofante).

… Iniciación Sacerdotal

Acerca de la historia de la Iglesia de Antioquía

Los comienzos de La Iglesia de Antioquía se remontan a Antioquía en Siria hasta el año 503 a. C. En ese tiempo algunos seguidores de Zoroastro fueron instruidos por Darío, el gobernante persa, para iniciar el Templo de Antioquía. Este templo iba a ser un lugar de aprendizaje, e incluso, hoy en día, podría haberse designado como Universidad. Los sabios "Profesores" de este templo sabían de la Venida del siguiente Avatar, Jesús el Cristo, y en consecuencia enseñaron a los que estaban interesados en prepararse para este acontecimiento.

También sabían que era necesario un lugar para actuar como base para que la obra de Dios fuera propagada en la tierra. Alrededor del Templo se construyó la ciudad de Antioquía. Siglos después los sabios hombres que ahora conocemos como los tres Reyes Magos serian participantes directos del evento del nacimiento de Jesús y la tradición esotérica afirma que Jesús visitaría cada uno de los lugares que iniciarían una iglesia en los años entre su niñez y el comienzo de su ministerio.

Al apóstol Santo Tomás se le atribuye haber empezado la iglesia de Antioquía. Fue así como se creó la primera Iglesia cristiana y el linaje de sucesión se deriva directamente de Santo Tomás. Fue en Antioquía donde los seguidores de Jesús de Nazaret fueron llamados por primera vez cristianos.

Es obvio que Antioquía fue la primera Iglesia cristiana como se narra en los Hechos de los Apóstoles 11:19-26, y la Iglesia romana fue fundada posteriormente. Posteriormente, cuando el apóstol San Pedro llegó a Roma estableció la Iglesia Romana. La Iglesia Católica romana dice ser la Iglesia original, pero la realidad fue que cuando el emperador romano Constantino declaró a Roma cristiana, lo hizo por la fuerza de sus ejércitos, obligando a las poblaciones que eran parte del Imperio romano en aquel tiempo, a someterse al Papa de Roma y a reconocerlo como el supremo jefe de las Iglesias que hasta entonces habían sido cristianas.

A finales del 38 d.C., José de Arimatea llegó hasta Glastonbury en Inglaterra. Cerca del sitio de la futura Iglesia puso su bastón de madera en el suelo, y según los historiadores este echó raíz y se convirtió en un árbol. Este habría sido el precursor de la Iglesia Anglicana Original de la que se derivan las iglesias celtas de Culdees, irlandesas y galesas. Los Culdees (etimológicamente la palabra se deriva del irlandés y significa "Compañeros de Dios ") eran miembros de comunidades monásticas cristianas ascéticas y eremíticas de Irlanda, Escocia, Gales e Inglaterra en la Edad Media. En su origen fueron una combinación de fieles de la antigua religión pagana de los druidas y los seguidores de José de Arimatea. Al principio vivían en comunidad y fueron separados de la masa de los fieles, dedicando sus vidas a la religión Desde el siglo XII el cristianismo escocés e irlandés se reguló por el patrón católico romano y en el proceso los Culdees también perdieron su carácter distintivo quedando bajo las reglas canónicas.

Por su parte, la Iglesia copta de Egipto, iniciada por el apóstol Marcos aproximadamente en los años 40-60 d.C., también fue sometida por el ejército romano hasta que finalmente huyeron al desierto egipcio y con el paso del tiempo afirmaron su independencia una vez más.

Las cosas cambiaron después de que el ejército romano perdiera su poder, cuando los ortodoxos, y la mayoría de las otras iglesias afirmaron una vez más su independencia, pero para entonces la Iglesia Católica romana había instituido muchos cambios. Uno de ellos fue la implantación del celibato, que se convertiría en obligatorio en el siglo X) y la prohibición de la ordenación de las mujeres. Antes de esta época, las mujeres podían pertenecer al clero, y sólo los casados llegaban al sacerdocio (aunque había excepciones).

En 1054 se produjo el Cisma de Oriente y Occidente, cuando el Papa de Roma León IX y el Patriarca de Constantinopla, Miguel I Cerulario, se excomulgaron mutuamente. El Obispo de Roma (el Papa) pretendía ser la autoridad suprema de toda la Cristiandad, incluyendo a los cuatro Patriarcas del Oriente. En aquel tiempo antes del Cisma, la Iglesia de Antioquía era una de las cinco grandes Iglesias que formaban la Iglesia Cristiana.

Catequesis Arcana

El Cristianismo Esotérico es la continuidad escrituraria, teológica e histórica que surge de las tradiciones hebreas, enoquianas, cabalísticas, esenias y taumatúrgicas, desde el Antiguo Testamento hasta la consumación de la Fe y la Sabiduría del Cristo Gnóstico en el Nuevo Testamento.

La Vida, Enseñanzas, Pasión, Muerte, Resurrección y Ascensión del Maestro Jesús, se postulan en el origen de nuestra Santa Religión como el Camino, la Verdad y la Vida. La interfertilización del Hebraísmo y Judaísmo en el acervo cultural integrado con la Santísima Trinidad, Padre, Hijo y Espíritu Santo, Tres Personas en un Solo Dios, emergiendo de la Divinidad en formas visibles e invisibles, siendo iguales en Potencia y distintas en sus manifestaciones. Doctrinas de la Salvación, Redención y Expiación de los pecados, la resurrección de las almas y de los cuerpos como expresión de la reencarnación de un mismo espíritu para la salvación y liberación del destino y el Sendero del Desarrollo Espiritual patentizado en la Arcana Enseñanza Iniciática de Ocultura Universal, la Doctología y el Existencialismo Esotérico.

La Iglesia Católica del Rito Antioqueno es una institución eclesiástica pandenominacional que se proyecta a los llamados del Pueblo de Dios, en los Misterios, Sacramentos y Ceremoniales Litúrgicos, y en los ritos iniciáticos reservados a los escogidos al conocimiento de la Verdad.

Para los Altos Iniciados en el Magisterio de los Hierofantes, el Orden del Episcopado con la sucesión apostólica, taumatúrgica.
Las vertientes del sacerdocio y la iniciación convergen en la misión ideológica de los cultos ocultos y el Octavo Misterio sacramental, "El Mistericón", con la imposición del Cetro del Poder, en el ritual teúrgico del Arcano Universal de la Ocultura hasta la consumación del proceso planetario de la implantación del Señor de la Segunda Venida.

Característica de esta confesión carismática es la Liturgia, Oficio y Misas de difuntos que, con el antiguo ceremonial del bautismo por los fallecidos, permiten aumentar el caudal de la Gracia Divina que impartimos tanto a los que lo necesitan como también a los sinceros buscadores de la Verdad Eterna.

Este es el testimonio de nuestra Fe, Devoción y Sacrificio en aras del Altar del Demiurgo, por Abraxas. Con la inspiración del Paráclito. En el Nombre del Cristo Gnóstico. Amén.

Otras Oraciones

ANTIFONA

Amarás al Señor tu Dios,
Con todo tu corazón y con toda tu Fuerza.

TE DEUM LAUDAMUS

1. Te alabamos, oh, Dios, te confesamos como Señor.
2. A ti, eterno Padre toda la tierra te adora.
3. Todos los ángeles cantan a Ti, los cielos y todas las potestades.
4. A Ti Querubines y Serafines, con incesante voz proclaman:
5. Santo, Santo, Santo: Señor Dios de las Huestes Angélicas.
6. Llenos están los cielos y la tierra de Tu gloriosa Majestad.
7. La gloriosa compañía de los apóstoles Te alaba.
8. La numerosa congregación de los profetas Te alaba.
9. La noble legión de los mártires Te alaba.
10. La santa Iglesia en todo el mundo Te confiesa.

11. A Ti, Oh Padre de inmensa majestad,
12. A Tu venerable, verdadero y único Hijo,
13. Y también al Espíritu Santo, el Consolador.
14. Tú eres el Rey de la gloria, Oh Cristo.
15. Tú eres el Hijo sempiterno del Padre.
16. Te sientas a la diestra de Dios en la Gloria del Padre;
17. Tu eres Alfa y Omega el primero y el último de todos;
18. Retoño y simiente de David, brillante Estrella matutina.
19. Dia tras día Te magnificamos,
20. Y adoramos Tu Nombre, por los siglos de los siglos.
21. Tú, Quien procedes de ambos, Oh Dios el Espíritu Santo.,
22. A Ti también, Oh Paráclito, damos culto y adoración;
23. Tu eres la Fuente de Vida, el Fuego viviente de amor.
24. Tres en Uno, Sacratísimo Señor y Dios,
25. Coiguales, coeternos, antes del principio y sin fin.
26. Nosotros Tus siervos vivimos en ti, y todo lo que tenemos es Tuyo.
27. Te adoramos, Te magnificamos, con el mayor júbilo Te servimos;

28. Oh Potente y gloriosa Trinidad, que todos los pueblos Te alaben.
Gloria al Padre, y al Hijo y al Espíritu Santo.

Como era en el principio es ahora y será siempre, por los siglos de los siglos. Amén.

SANTA UNCION

(El Sacerdote va a administrar la Santa Unción).

S. Oremos

(Los fieles se arrodillan)

S. Oh Señor, que has concedido al Hombre salud y vigor corporal con los cuales Te sirva, Te rogamos libertar a Tus servidores de sus enfermedades, imperfecciones, debilidades y en cuanto sea conveniente para ellos, por el poder de Tu+bendición les restituyas completa salud, tanto externamente en sus cuerpos como internamente en sus almas; por Cristo nuestro Señor. R/ Amén.

Los fieles se sientan. Los que desean ser ungidos se acercan uno a uno al Sacerdote y se arrodillan ante él. El sacerdote dice sobre cada uno:

S. En el Nombre que está por encima de todo nombre, con el Poder del +Padre y del +Hijo y del Espíritu+Santo, exorcizo toda influencia de maldad, a fin de que estés debidamente purificado para recibir este Sacramento de la Santa Unción.

Mojando el pulgar con el óleo para enfermos, el Sacerdote unge a la persona en forma de cruz sobre la frente, diciendo:

En el Nombre de Nuestro Señor Jesucristo, e invocando el auxilio del Santo Arcángel Rafael, te + unjo con óleo, para que obtengas salvaguarda tanto en el alma como en el cuerpo.

El Sacerdote procede a ungir, de la misma manera pero en silencio, la coronilla, la garganta y la nuca de la persona. Luego coloca ambas manos sobre su cabeza, con la definida intención de curar, diciéndole:

S. Cristo el Hijo de Dios derrame sobre ti Su poder de curación y te envuelva en la Luz de Su Amor.

Si un Obispo conduce el servicio, puede en este momento tocar a la persona con su báculo.

Cuando todos los que desean este Sacramento han sido ungidos, el Sacerdote se limpia las manos y volviéndose a los fieles, dice:

S. Así como vuestros cuerpos han sido ungidos externamente con este óleo visible, así Dios Todopoderoso, nuestro Padre Celestial, se digne conceder, en Su Bondad Infinita, que vuestras almas sean ungidas internamente con el Espíritu Santo, con fortaleza en el alivio y regocijo. Y que os llene con el hálito de Su Sabiduría y os fortalezca con Su Poder Soberano de modo tal que perseveréis en el sendero de la santidad y Le sirváis siempre con gozo en el curso que El os ha señalado; por Cristo nuestro Señor. R. Amén.

PARA EL RITO BAUTISMAL

Primero, preparar todo lo que se requiere para la bendición del agua bautismal y la administración del bautismo, si estos han de tener lugar. Por ejemplo, una vasija o recipiente para recibir algo de agua bendita antes de que los Oleos Sagrados sean puestos en él, para ser usado para asperjar; un jarrito o un cucharón para poner el agua en la vasija; viales conteniendo el Oleo de los Catecúmenos y el Crisma en una bandeja; tejido de algodón; jarra de agua y palangana, con rodajas de limón y migas de pan, y toallitas de manos para lavar las manos del celebrante; un aspersor y un rociador.

Para bautismo: ritual, concha para echar el agua, pila bautismal, Oleos Sagrados con un tejido de algodón en una bandeja; alba, estola y velas. Presidiendo el Altar, un Crucifijo.

Ritual Litúrgico de Anatematización
(Solo para ser oficiado por un Obispo)

Ceremonia de Excomunión de los Desalmados Traidores de la Fe

En el Nombre de la Tri Sancta Sophia, del Cristo Gnóstico y del Paráclito. Por Abraxas. Amén.

Yo, Invocando al Poderoso Arcángel San Miguel y los Arcángeles Uriel, Zadkiel y Safiel, con los Arcontes Sebotartán, Jovisan, Argamatán y Adossías.

Yo, Evocando al Verbo Encarnado que en el Santo Evangelio "maldijo la higuera seca".

Yo, Conjuro este Anatema para reprender al espíritu inmundo de

_____

para que sea enviado a las entrañas del Averno y separado para siempre del Preciosísimo Cuerpo y de la Sangre de Cristo.

Referimos la plegaria de espanto de Satanás, Lucifer y Leviathan, con sus maleficios y jetaturas.

Imploramos la Protección Divina contra los demonios y espíritus inmundos, la malhaya de los perversos y maleantes y aberrados, para que nos libre de los estigmas de Belcebú y las falacias de Baphomet.

Sean arrojados los verdugos, alejen a los coprófagos, mentirosos y aberrados, a los mancos mentales y sepulcros blanqueados, para que ardan en el azufre del fuego abismal.

Que la tierra los trague enteros y se ahuyente de ellos la limosna del perdón.

Que los cerdos y perros no obtengan la dádiva de perlas preciosas de conocimiento y sabiduría.

Que finalmente sean culpados de toda culpa y anegados en su propia excrecencia.

Por lo tanto, sean expulsados de la obra de las Iglesias y congregaciones y separados para siempre del Precioso Cuerpo y la

Preciosa Sangre del Cristo Redentor. En Su Santo Nombre. Amén. Amén. Amén.

Instrucciones:
Al final se partirá una vela encendida, preferiblemente negra, soplando cuatro veces.

El Oficiante escupirá tres veces. Se lavará las manos ritualmente como en la Santa Misa.

Rezo del Anatema

Oh, Tri-Sancta Sophia, que soplas con Poder Inherente. Por el Verbo Encarnado del que maldijo la "higuera seca".

Elevamos esta Plegaria y Rezo para reprender y esfumar a Satanás y los espíritus malignos.

Imploro que disipes el Mal de los conjuros, alejes la jetatura de sus impetraciones, y nos protejas del maleficio demoniaco de los hechiceros y la furia de los perversos, maleantes, y de los vicios.

Que las Tinieblas devastadoras de Luzbel, el vendaval donde sucumben los desalmados, sea escindido desde las nubes.

Que el oleaje de Leviathan en el mar,
La destronación de Belzebuth en el llano,
Y el candente estigma de Baphomet en el volcán,
Anatematicen a los malvados,
Humillen a los verdugos,
Linchen a los coprófagos, mentirosos y aberrados,

Para que ardan con los asuras
En el fuego del Avitchi.
Que se abra el Averno y
Las aguas no los laven ni mitiguen su sed.
La Tierra los trague enteros
Y fluya de ellos la limosna del perdón para luego escupir sobre sus oscuras tumbas.

Que el Anatema los persiga en la Tierra y en el Más Allá.

Por Abraxas y la Santa Trimurti. Amén.

Iniciación Sacerdotal

CAPITULO 5: EL CLAMOR DE SANTA MARÍA MAGDALENA, EPISCOPA

(Desdoblamiento de la Persona)

"A mis hijas e hijos…"

El tortuoso camino del mundo está plagado de pocas flores y muchas espinas.

La auténtica vocación por la Verdad, al servicio de los necesitados, la batalla por la libertad de pensamiento, la acción transformadora de una sociedad corrompida. Tengo un poder que quiero compartir con vosotros.

Para mis hijos e hijas que quieran salir de las Tinieblas del Mal del pecado, del escándalo, de las falsedades religiosas, y que postulan su entrega al Divino Maestro para su Obra de Retención de la

Humanidad. Para aquellos que son leales a la Fe, sostenedores del Sacrificio del Hijo del Hombre. Para todos los que anhelan doblar las rodillas en sufragio, para esos mis hijas e hijos es mi mensaje "Desdoblamiento de la persona" para autentificar la unicidad del espíritu, el alma y el cuerpo.

Podéis vosotros alcanzar la suma de conocimiento y la plenitud del carisma para con ello mostrar al mundo acerca del Propósito del Maestro de Maestros, el Cristo Gnóstico, el que os llama y os escoge para el sacerdocio crístico cristiano, católico y ortodoxo, herético y gnóstico.

Mi rayo de luz toca vuestras frentes y mi mano sostiene las vuestras. ¡Para este clamor no estáis solos y me tenéis a mí!
Mujeres y hombres de fe y amor, venid ante mí, acudir delante del Salvador y convertíos en siervos del Misterio Sacrosanto del Altísimo.

¡Mi halo de luz os guiará, venid ante mí donde quiera que estuvierais que como la consorte de Jesús Nazareno os estaré esperando!

Amén.

Proclamación a todos los vientos

La Sagrada Orden de la Crista Mística y el Discipulado de Santa María Magdalena acogen en su seno a todos los devotos y devotas que sientan el llamado del Cristo Gnóstico para las ordenaciones sacerdotales.

El Espíritu Divino engarza los dones dispersos y sostiene al pecador arrepentido que profesa la creencia en la salvación predicada por el Evangelio de Santo Tomás, San Felipe, Santa María Magdalena y los pontífices del Cristianismo primitivo, y abre las Puertas de Oro del sublime designio de ofrendar la vida a la Obra del Redentor Jesucristo.
Los atribulados, los menesterosos, los abatidos y los despreciados, tienen la oportunidad de trascender las miserias de la vacuidad de sus existencias, con la promesa de llenar el cúmulo de sus esperanzas con el apoyo místico y el sustento espiritual, engrosando las filas de

los seguidores de la Crista Mística en la implantación del glorioso sendero que conduce a la Reaparición del Señor de la Historia, el Cristo Gnóstico.

El Sacerdocio Sacrosanto de los conversos en la Enseñanza de la consorte del Salvador Santa María Magdalena, en su dechado de virtud caracterizado en la Crista Mística, está abierto en todas partes del mundo a los que deseen adherirse a su Manto Divino.

Los que han buscado y sentido la necesidad de participar en el Gran Cambio que se acerca para la Humanidad que gime y que llora, este es el momento crucial para dar el salto, para dar el paso decisivo en la transformación de sus vidas.

Los tormentosos augurios que esperan a los mortales serán sobreseídos por la Gracia del Retorno del Vencedor de las Tinieblas, Cristo-Jesús, que con Su Amada Consorte, Santa María Magdalena, nos trae una nueva Esperanza para un futuro mejor.

Venid a mí, mis hijos e hijas, que mi dádiva de Luz brillará sobre vuestras almas.

Llegad a tiempo mientras el viento sopla. Amén.

La Milicia Oblata de Santa María Magdalena (Prelatura)

A los devotos de la Crista Mística se les presenta la oportunidad de ministrar en el Altar de la Oblación incorporándose a la Milicia Oblata de Santa María Magdalena. Este servicio laico prepara a los que desean dedicar sus vidas a la contemplación, la oración, el estudio y las buenas acciones en el Nombre del Hijo del Altísimo Jesús de Nazaret y su esposa mística Santa María Magdalena. El estado de vida consagrada al Cristo Gnóstico convierte a sus seguidoras en esposas místicas del Redentor Jesucristo.

Las diferentes funciones que tienen las hermanas y los hermanos oblatos les brindan la gracia suficiente para apartar sus vidas del mundanal ruido y coadyuvar en el recogimiento y la labor para la Dispensación del Verbo Encarnado.

Esta es la ocasión del comienzo de la nueva espiritualización personal y la guía para la exploración de una vocación religiosa fructífera y el encuentro con la formación que lleve a los sinceros en su interés místico a la educación teológica de la experiencia clerical que pudiera culminar en el sacerdocio.

Por esto y más es la Milicia Oblata el peldaño de la escala que propicia la consumación de la carrera vocacional del ministerio ordenado.

Ahora es el momentum para aceptar el reto hacia el encumbramiento y la realización personal y espiritual en el Camino del Desarrollo religioso.

Con nuestras manos extendidas les esperamos en el Templo de la Iglesia a la que pueden llegar y acudir y la cual llega también por los medios actuales de difusión. La verdad del conocimiento es accesible y factible y está su alcance. Venid y Ved.

En el Nombre del Redentor Jesucristo y su consorte la Crista Mística. Amén.

La Sagrada Orden de la Crista Mística

En el mundo en que nos ha correspondido vivir, el Discipulado de Santa María Magdalena, la esposa mística del Redentor Jesucristo, expande su apostolado Gnóstico para llevar el Mensaje de la Implantación de la Reaparición del Señor de la Historia el Cristo Gnóstico.

La Sagrada Orden de la Crista Mística es en la actualidad la primera y única de las comunidades religiosas que acentúan el culto de veneración a Santa María Magdalena, Consorte del Maestro Jesús y el adalid de la Dinastía Merovingia.

Esta organización eclesial que enarbola este estandarte es además el paladín de un concilio o consorcio de entidades eclesiásticas que se adhieren a los principios doctrinales de los Evangelios Pseudo Apócrifos y del Magisterio del Baba Sar Mar Profeta, Supremo Herisarca y Fundador de esta Orden de origen Merovingio en los tiempos modernos.

Esta formulación devocional y esotérica extiende su aureola luminosa hacia los fieles de Santa María Magdalena por todas las naciones y lugares del mundo que se dedican a la profusión de esta única y diferente Teurgia y Liturgia que permite que cualquier devoto, hombre o mujer, de cualquier edad, nacionalidad, estado civil o educacional, implore su aceptación en las Tercias Órdenes (Terciarias y Terciarios) de Vida Consagrada, a los que se iniciaría personal o telemáticamente. Las segundas Ordenes incluyen a Predicadores y Evangelistas, Misioneros y Diáconos. Las primeras Ordenes se distinguen en el ceremonial ritualístico con el que se ordenan, o sea Ministros, Pastores, Capellanes, Coadjutores y otros oficios litúrgicos de votos solemnes perpetuos.

El clamor de la Crista Mística llegará a todos los sinceros devotos que profesan la Arcana Enseñanza Iniciática de Ocultura Universal. Todos los llamados a esta Gran Obra podrán optar por el Discipulado de Santa María Magdalena, la Crista Mística, y por tanto adherirse al Liderazgo Mundial de la Nueva Era.

Escuchad que la Crista Mística también llegará pronto. Amén.

Proclamación Oficial de la Sagrada Orden de la Crista Mística

PROCLAMACION OFICIAL EN LA SEDE PRIMADA METROPOLITANA DE LA SAGRADA ORDEN DE LA CRISTA MISTICA
En el Nombre de la Tri-Santa Sophía, del Cristo Gnóstico y del Paráclito. Por Abraxas. Amén.

Nos, Sar Mar Profeta, Siervo de los siervos del Demiurgo, Primado Gnóstico Catolikos y Supremo Herisarca, en nuestra profesión de Fe, venimos a proclamar y proclamamos:

Primero: Que los hermanos y hermanas líderes de Religiones, Iglesias Gnósticas, Católicas, Ortodoxas y Heréticas, Fraternidades Iniciáticas y Sociedades Esotéricas, podrán optar al Oficio de Sacerdote de esta Sagrada Orden de la Crista Mística.

Segundo: Que los oficios "Honoris Causa" podrán ser concedidos por Decreto-Bula, a los que ostenten méritos adecuados y suficientes.

Tercero: Que los oficios Sagrados de esta Orden serían otorgados en persona, astral o telemáticamente a discreción del Jerarca, tanto a hombres como a mujeres ya debidamente investidos u ordenados con anterioridad por otras Jerarquías Eclesiásticas.

Cuarto: Que éstos integrarán nuestra Jerarquía Sacerdotal como parte del Sínodo y del Concilio de esta Sagrada Orden de la Crista Mística a nivel mundial.

Quinto: Que quienes sean beneficiados estarán obligados canónicamente a la Obediencia y Lealtad a su Beatitud el Baba Sar Mar Profeta y a sus legítimos sucesores designados únicamente por El mismo.

Dese a conocer este edicto, a los 8 días del mes de Septiembre del Año 2019. A. D.

De todo lo cual la Abadesa Epíscopa da fe.

Sol Igneo

SIGNIFICADO DE LAS REPRESENTACIONES DE LA "CRISTA MÍSTICA"

Primeramente, representa el dolor y el sufrimiento por el mundo en el cuerpo humano.

En segundo lugar, indica la liberación del pecado y la ignorancia por la exaltación de la mente.

Por último, enseña la glorificación e iluminación del Espíritu.

Los escribas y pintores anónimos reflejaron en sus obras el Misterio reservado por los siglos a los iniciados de las Órdenes Mistéricas y Fraternidades Herméticas en los templos, abadías, ermitas y monasterios, resguardados de los profanos y de los perseguidores malignos, especialmente de la Gran Ramera.

"Manifiesto Cristológico"

En las Grandes Religiones de la Historia de la Humanidad los Avatares y Mesías han sido y serán los Emisarios de la Divinidad. Adam Kadmon tuvo de consorte a Eva Arcana en el simbolismo de la raza primigenia de los hombres.

Abraham y Sara, Moisés y Séfora, Salomón y Sheeba, Krishna y Radha, Gautama y Yudisdira, Osiris e Isis, Odín y Freya, María y José, Jesús de Nazaret y María Magdalena.

En el linaje del Cristianismo Esotérico se reinstaura la Dinastía de los Merovingios con los hijos de Jesús y la Magdalena, Amador, Sara Sofía y Emineo.

Las disputas entre Pedro y María Magdalena continuaron durante siglos en la transgresión del apostolado original establecido por Jesucristo en la Cena Pascual y confirmado por el Espíritu Divino en Pentecostés cuando más de 120 recibieron la Unción de lo alto, entre los que había tanto hombres como mujeres. La Gran Ramera, o sea la Iglesia Católica

Romana, y otras sectas renegaron de la Filokalia, Didaskalia de los Apóstoles del Evangelio original, por la Apostasía orquestada por los ángeles caídos, demonios y farsantes de toda ralea.

El Legado del Cristianismo Gnóstico se mantuvo en el secreto de los Templos y en las Fraternidades Iniciáticas para escapar del martirio y la persecución. Los escribas anónimos, los pintores y artistas cubiertos en el manto del Misterio, continuaron la Gran Obra de la consorte del Salvador Jesús Nazareno, la Crista Mística, Santa María Magdalena.

En el mes de julio del año 1976 en la ciudad de Guantánamo, al día siguiente de la consagración episcopal de Sar Mar Profeta, las revelaciones de Santa María Magdalena comenzaron a plasmarse en sus enseñanzas y augurios, mantenidos hasta ahora en la más absoluta reserva.

Desde octubre del año 2015 las apariciones y revelaciones de Santa María Magdalena se hicieron continuas. En enero del año 2016, María de Magdala manifestó al Herisarca de la Nueva Era, el Baba Sar Mar

Profeta, este apotegma: "Ha llegado el momento de proclamar al mundo que yo soy la Crista Mística y que participo con mi Señor y Maestro, el Cristo Gnóstico Jesús de Nazaret, en la Implantación de la Reaparición del Señor de la Segunda Venida".

La religión de la Crista Mística evoca su Sublime Presencia ante sus fieles devotos. El Herisarca Sar Mar Profeta ha tenido desde los cinco años de edad las revelaciones de Seres Superiores (KutHumi Lahl Singh), entre entidades terrícolas y Melquisedec y la Virgen Cósmica entre los seres extra-terrestres.

El libro del autor "Sobre hombros de gigantes" narra ampliamente estos encuentros con inteligencias elevadas, tanto físicas como astrales y espirituales.

La Sucesión Apostólica y la Tradición Iniciática inserida con la Dinastía merovingia traerán el cambio religioso substancial para la mujer de la Nueva Era con la institucionalización del sacerdocio plenipotenciario. Esta conversión eclesiológica se extenderá también a los hombres y a todos los que reconozcan a la Crista Mística en su magisterio cristológico.

Las Promesas de la Nueva Era se insertan en el Propósito Divino de la Evolución Espiritual de los encarnados y desencarnados.

El Cristianismo Místerico emerge con Jesucristo como el Hijo de Dios, fundamento de nuestra Fe y Esperanza de Eternidad. En Su Nombre. Amén.

Los Sacramentos

1 Bautismo en Agua
2 Bautismo de Fuego
3 Crismación y Confirmación
4 Comunión en Pan y Vino (Cuerpo y Sangre de Jesucristo)
5 Consumición de lácteos y manzana (Femineidad Sagrada de la Crista Mística)
6 Unción de los Enfermos y Necesitados
7 Santificación del Matrimonio y Bodas Alquímicas – Desposorio con el Cristo Gnóstico
8 Confesión y Absolución
9 Exequias, Bautismo de Difuntos y Comunicación con el Más Allá

10 Ordenación sagrada de las nuevas dispensaciones y las dispensaciones antiguas. Jerarquía Sacerdotal de la Nueva Era

11 Imposición del Cetro del Poder. Profecía y Revelación

12 Iniciación al Misterio del Evangelio Secreto de Santa María Magdalena

El Evangelio de María Magdalena

Cristificación es la Unción sacerdotal del Discípulo con Su Maestro.

La santa consorte de Jesús enseña en su narrativa los acontecimientos secretos que presenció con su Maestro.

El centro de la espiritualidad de la Magdalena encierra el misterio escondido por la Divinidad en Cristo Jesús, su amado consorte.

Frente a la arrogancia de Pedro y su envidiosa pretensión de conocer el aspecto interno de las Enseñanzas impartidas por Jesús a su Amada Discípula, concurre la ternura y la firmeza en el establecimiento de la dinastía Merovingia con los hijos del

Nazareno y su devoción, al mantener el episcopado de mujer en la tradición eclesiástica de los templos, ermitas y monasterios del silencio y lo oculto, para que los valores del Cristianismo primitivo fueran preservados de la destrucción, para hombres y mujeres sin discriminación ni egoísmo.

María de Magdala proclama: "La Verdad es un rayo penetrante en las entrañas del discípulo". "Mi mensaje es tan dulce como el trueno que rompe las jaulas de la mente y esgrime el látigo del azote de la falsedad y la ignorancia."

Humildad y grandeza en la Discípula Amada a la que el mismo Señor hace de ella su galardón de compartir la Cristificación del Espíritu en la crucifixión del cuerpo, adolorido por el pecado y la ignorancia para resurgir como estandarte del aspecto femenino de la Divinidad.

Dice la Santa María de Magdala: "Yo no soy igual a el Maestro Jesús, yo quiero ser como El es". Mi cristiandad es en Su Nombre la revelación del Misterio de la

Divinidad Encarnada para la salvación de los hombres y las mujeres.

Tengo una Promesa para mis devotos discípulos: "Los llevaré delante del Maestro y junto al Cristo Resucitado formaremos una morada del Padre Sempiterno en la emancipación del Alma y del Espíritu por la sublimación del dolor, la angustia y la sed del cuerpo."

"Los que me sigan hallarán Luz y Paz y la Sabiduría del Altísimo descenderá sobre ellos".

"Yo pongo delante de la Divinidad y la Humanidad que vengo a preparar el Camino para que llegue la Verdad que os conduce a la Vida".

La Cristificación de Santa María Magdalena es su Unción que dimana y se vierte sobre ella de Jesús Nazareno, el Cristo Gnóstico". La Crista Mística es la veneración a su Presencia. La devoción al Cristo Gnóstico es la comunión profunda con su Divinidad.

El Evangelio de la Crista Mística es la promulgación de sus mensajes escritos y revelados para la Humanidad cristiana.

La Crista Mística se pronuncia: "Vengan a ver mi Verdad".

En Su Nombre. Amén.

CONCLUSIONES

El diálogo del Autor con el Querube que abrió el canal de interfertilización intelectual y espiritual con la Crista Mística, que le llevaría a conocer cómo los esenios y merovingios tuvieron una relación con las enseñanzas del Evangelio de María Magdalena y del apóstol Tomás, indica elocuentemente la ardua labor de superar las intrigas de los Apóstoles machistas y el esfuerzo por la inclusión de mujeres al sacerdocio y al Episcopado.

Leyendo el Libro del Zohar, la radiante luz del esplendor iniciático y cotejando los textos de Enoc y Salomón, hallaréis la clave de los portentos del acontecer próximo en el que sobrevendrá la restauración del orden sacerdotal dentro del proceso planetario de la Implantación del Señor de la Segunda Venida.

La Promesa de la Crista Mística en sus documentos procedentes del Evangelio de María Magdalena, advierte de la Nueva Fuente de Revelación.

La Primera Parte de esta obra inducirá a los preclaros estudiantes de la Ocultura Universal a hollar el camino que los llevaría a la realización de sus elevados ideales. La visión de la Predestinación Kármica y la contemplación de los Anales Akáshicos, la recurrencia de la naturaleza, la historia y el cosmos, estarán a la disposición de los iniciados del Misterio Sacerdotal de la Nueva Era de Acuario.

Esta vía está ahí delante, disponte con valor a recorrerla.

Haciendo una connotación más espontánea que didáctica muestro a los Arcontes, a todos los Arcángeles, a los que desde Adam Kadmon y Eva Arcana han conocido a Lilith y a Leviatán, que juntos se lanzan al más arcano de los ejercicios corporales y espirituales para que los discípulos del Existencialismo Esotérico despierten a la fascinante experimentación surrealista de la emoción y el instinto con el atributo genial del fuego serpentino para que reconozcan lo que dijera Jesús el Cristo: "DIOSES SOIS".

Como siempre sucede, al autor le es difícil dejar de escribir. A la usanza de los ocultistas indico la presencia de anagramas que señalan el Vortex de Shamballah y Agartha que lleva desde este Vedado al recorrido de Asgard. Los que puedan entender entenderán.

Mientras, en el Corpus Mysteriorum de esta Sede Primada, postrado ante la Shekhina, evoco a Abbaji (diminutivo cariñoso y paternal de Abba que significa Padre). En el amanecer de Febrero del año del Señor 2021 se concluye esta obra. Mirad que los extraterrestres, que siempre han estado aquí en las religiones y las Sagradas Escrituras, van a venir y serán vistos en el cielo y el Hijo del Hombre, el Hijo de Dios, volverá entre las nubes. Aleluya. Amén.

"CON DIOS TODO, SIN DIOS NADA"

A mi Cristo Gnóstico
y a la Crista Mística
con Fe y Devoción

Yo soy el Baba Sar Mar Profeta

A.M.D.G.

POST SCRIPTUM
(Lo que enseñaré después)

Iniciación sacerdotal en nuestro mundo, o sea el planeta Tierra, es parte inexorable de la Iniciación Cósmica y el Sacerdocio Universal.

La vida sentiente y pensante que existe en el Multiverso conlleva la vocación al servicio de la Divinidad donde quiera que nos encontremos o situemos.

El autor quiere dejar esclarecida la Verdad Suprema del ministerio tanto iniciático como sacerdotal en todos los cosmos, regidos por el Demiurgo.

El término extraterrestre o inteligencia alienígena incluye, pero no limita, la definición de seres espirituales y físicos ya sean ángeles, arcángeles o huestes celestiales y entidades materiales de otras dimensiones del Espacio Sideral, de la Anti-Materia y de los diferentes Tiempos.
Declaro que, entre los seres existentes en el Universo, se destacan los que siguen el sacerdocio al servicio del Padre Sempiterno y de los habitantes de la Creación.

Proclamo por tanto, que el sacerdocio iniciático se ejerce en cualquiera y en todos los mundos, físicos, astrales, espaciales y espacio-temporales, de materia y anti-materia, de pensamiento y voluntad.

Postulo por tanto, que en el Planeta Tierra conviven sacerdocios del Altísimo en diversas tradiciones religiosas terrícolas, extraterrestres, ultraterrestres y cósmicas y consecuentemente, en todos los planetas y mundos con consciencia inteligente.

En la Vida Espiritual que puebla el Universo participan todos los siervos del Demiurgo Cósmico. Cada cosmos, macrocosmos, plano, mundo y microcosmos, está regido por las mismas leyes. "Así en la Tierra como en el Cielo". "Como arriba, es abajo".

La experiencia personal del autor con las divinas presencias de este y otros mundos, de aquí y del más allá, le infunde la iluminación de los Jerarcas del Sacerdocio del Tetartacosmos y la comunión e interfertilización entre todos los llamados para la Gran Obra y los escogidos para servir al Ser Supremo en donde el Destino nos haya posicionado.

Somos canalizadores de la Conciencia Cósmica de la Divinidad para "Hacer Su Voluntad" y, que esa sea nuestra voluntad, hacer el cumplimiento pleno de la Ley del Dios-Todo que vibra en cada átomo de la Creación y brilla en toda criatura del Universo.

Corolario Parateológico

La Inteligentzia como fenómeno cósmico se corresponde analógicamente con el desarrollo de la vida, la forma y la consciencia. De esta entelequia surge el Camino del Desarrollo en todas las dimensiones planetarias. ¡Abracadabra!

El Poder que proporciona la Iluminación se manifiesta en el Plan del Logos en sus distintas Escuelas de Misterios en todas las galaxias, constelaciones, órbitas solares y niveles de 'seres dentro de seres y mundos dentro de mundos'. Por lo que el desarrollo, las escuelas, los Maestros del Sacerdocio Iniciático y los Grandes Jerarcas del Multiverso, señalan la vía a la Expansión de la Mente hasta alcanzar la emancipación del reflejo de las Leyes Universales y la liberación del Espíritu Inmortal más allá de todas las limitaciones espacio-temporales, en el cosmos, de los Rayos Eternales en todas las polarizaciones cosmogenéticas que vertebran al Homo Sapiens y sus trascendentes semejantes en las nebulosas circundantes. ¡Ebenezer!

Unido con la Jerarquías Creadoras, los Elohim, las Fuerzas Sutiles de la Naturaleza en los mundos de Abraxas y con la substancia primigenia de Adonai, por el Poder de Yaveh manifestado en la Sabiduría Divina de Abba-Padre, a quien con amor y devoción pronuncio Abbaji en todos los ciclos giratorios. ¡Ashama Shamash!

Om Tat Sat
Long Kong Pak,
Aum Tat Tuan Assi
Aquí estoy...
¡He aquí que vuelvo a escribir!
Amén.

Baba Sar Mar Profeta

Sar Mar Profeta

ACERCA DEL AUTOR

Este Sumo Sacerdote es Profeta del Altísimo, Taumaturgo por Excelencia, Pontífice entre Dios y los hombres.

El Doctor Roberto Toca (Su Beatitud Sar Mar Profeta) nacido en La Habana, Cuba, el 11 de enero de 1945, inició sus estudios en el Seminario a los 11 años de edad, siendo ordenado Sacerdote en 1966; elegido Obispo en 1976 y consagrado en California en 1982 como Arzobispo con categoría de Exarca Patriarcal para los Hispanos. Posteriormente fue elevado al rango de Primado Gnóstico Catholikos.

Recibió iniciaciones magistrales en la Escuela Esotérica de la Hermandad Sarmang (la misma en la que fuera iniciado el expositor máximo del Cuarto Camino G.I. Gurdjieff) así como en los Santuarios de las Fraternidades Herméticas, Ordenes Mistéricas y Sociedades Secretas de Egipto, Turquía, India, Tíbet, Japón y Europa. Habiendo viajado extensamente por todo el mundo. Fundador de la Gran Obra Gnóstica que integran: la Iglesia Católica del Rito Antioqueno, la Universidad

Internacional de Teología y Parapsicología, la Escuela Esotérica de la Internacional de la Iniciación y el sistema ideológico de la Doctología, la Arcaica Enseñanza Iniciática de Ocultura Universal y el Existencialismo Esotérico. Ostenta además los cargos de Hierofante Iniciador y Cabeza Externa de la Orden (O.H.O.) en el Supremo Santuario de la Gnosis de la Orden Rosa-Cruz Tradición Krümm-Heller, así como Soberano Gran Comendador Internacional de los Sublimes Ritos de Memphis y Mizraim (90° y 95°), Shamballa-Agartha (97° y 99°).

Ha obtenido grados doctorales en Teología, Filosofía, Ministerio, Hipnología, Psicología y Sagradas Escrituras, entre otras disciplinas académicas. Ha escrito en publicaciones de Estados Unidos y otros países, dirigido y conducido programas radiales y de Televisión, habiendo obtenido premios en periodismo y televisión. Ejerce el ministerio arquiepiscopal en su sede metropolitana de la Catedral de la Santísima Trinidad en Odessa, Florida, USA.

Escritor de más de veinte libros. En los últimos años ha publicado "Cultos Ocultos",

"La Clavícula de Ocultura y "El Iniciador de Ocultura".

El presente libro, "Iniciación Sacerdotal", se compone de dos partes. La primera, para el público y la segunda, El Sacerdocio Iniciático, dedicado a los iniciados, ordenados e investidos en la Orden Sacerdotal de la Crista Mística.

Aunque no necesite justificación, por ser sincera, declaro que el autor de esta obra es el más grande, sabio y poderoso de los Maestros contemporáneos.

                    Sol Igneo
               Abadesa Episcopal

Iglesia Católica del Rito Antioqueno

2008 Chesapeake Drive,
Odessa, Florida 33556 U.S.A.

P.O. Box 8473,
Tampa, Florida 33674-8473 U.S.A.

(813) 926-2800

Email: smprofeta@sprintmail.com

www.sarmarprofeta.org
www.youtube.com/sarmarprofeta
www.facebook.com/arzobisporoberto.toca

A.M.D.G

Iniciación Sacerdotal

www.ingramcontent.com/pod-product-compliance
Lightning Source LLC
Chambersburg PA
CBHW022051160426
43198CB00008B/188